U0674690

股市行业网络稳定性、系统重要性及风险溢出效应研究

Research on Network Stability, System Importance and Risk
Spillover Effect Among Industries of Chinese Stock Market

李延双　著

东北财经大学出版社　大连
Dongbei University of Finance & Economics Press

图书在版编目（CIP）数据

股市行业网络稳定性、系统重要性及风险溢出效应研究 / 李延双著． —大连：东北财经大学出版社，2024.4

（墨香财经学术文库）

ISBN 978-7-5654-5207-9

Ⅰ.股…　Ⅱ.李…　Ⅲ.股票市场－研究　Ⅳ.F830.91

中国国家版本馆 CIP 数据核字（2024）第 058339 号

东北财经大学出版社出版发行

　　大连市黑石礁尖山街217号　邮政编码　116025

　　网　　　址：http://www.dufep.cn

　　读者信箱：dufep @ dufe.edu.cn

大连永盛印业有限公司印刷

幅面尺寸：170mm×240mm　字数：183千字　印张：12.5　插页：1
2024年4月第1版　　　　2024年4月第1次印刷
责任编辑：时　博　王芃南　　责任校对：刘贤恩
封面设计：原　皓　　　　　　版式设计：原　皓
定价：65.00元

本书系国家自然科学基金项目（项目批准号：72301059）的阶段性研究成果，由"东北财经大学学术专著出版资助"资助出版

作者简介

　　李延双，男，东北财经大学金融科技学院副教授，硕士生导师，东北大学金融学博士，天津大学管理科学与工程博士后。研究领域：金融工程与风险管理、金融复杂系统、金融计量、金融科技、能源与气候金融。主持国家自然科学基金青年项目、辽宁省社会科学基金项目、辽宁省教育厅科研项目、辽宁省社科联项目；参与多项国家自然科学基金面上项目。在《管理科学学报》、《管理工程学报》、《运筹与管理》、*Energy Economics*、*Pacific Basin Finance Journal*、*Borsa Istanbul Review*、*North American Journal of Economics and Finance* 等国内外学术期刊上发表论文 10 余篇。担任 *International Review of Financial Analysis*、*Journal of International Financial Markets Institutions & Money*、*Finance Research Letters*、*Financial Innovatian*、*International Review of Economics &Finance*、*Resources Policy* 等期刊的同行评审专家。

前言

　　在经济全球化和金融业务复杂性日益加深的背景下，不同金融市场、金融行业以及金融机构间的关联程度越发紧密。金融系统的复杂关联性在使金融风险高度分散的同时，提高了金融风险扩散至金融系统的可能性，从而对金融系统的整体稳定性造成严重影响。与此同时，金融危机的发生频率、金融风险传染路径的复杂度、金融风险的传染速度均有所增加。股票市场是经济的晴雨表，是金融市场的重要组成部分，股市波动易受全球经济环境、国内外经济政策以及极端金融事件等多方面因素的影响。近些年，国内外极端金融事件频发，对国际金融体系造成了巨大冲击，导致金融市场（金融行业或金融机构）间关联聚集性提高、金融系统稳定性下降以及金融风险溢出效应加剧等相关问题的产生。因此，掌握金融市场内部的关联聚集特性、了解影响金融市场稳定性的主要因素、识别金融风险的关键传染源（系统重要性个体）、探究金融风险的溢出路径和传染机制，对于严格把控系统性金融风险、维护金融市场的稳定发展具有重要的理论与现实意义。

　　考虑到金融市场和实体经济中各行业间的复杂交互行为，以及股市中存在的行业板块联动效应，本书从股市中各行业板块间的关联特征及信息溢出视角出发，通过复杂网络理论、计量经济学理论以及传染动力学理论等研究方法，构建多种股市行业间关联及信息溢出网络，以期有效挖掘股市中行业间的关联聚集特性，探究股市行业网络的拓扑结构特征与稳定性机制，识别股市中的系统重要性行业，揭示股市中金融风险的跨行业传染路径及传染机制。本书的研究可为投资者进行投资组合策略优化及风险规避提供有效建议，并为金融监管部门在系统性风险的测度、监控、预警及免疫机制的构建等方面提供理论和经验支持。

本书的主要研究内容包括以下四个方面：

（1）股市行业间关联聚集特性分析。基于最小生成树（MST）算法构建股市行业间 MST 关联网络，从网络基本拓扑结构指标的时变演化、网络社团结构的划分及社团内部组成的动态演变等多种角度探究股市行业间的关联聚集特性。此外，重点分析了国内外极端金融事件①对股市行业网络拓扑结构的冲击作用。研究发现，中国股市行业间 MST 关联网络呈现出明显的"核心–边缘"结构分布特征，且具有典型的"小世界性"和"无标度性"；当股市处于平稳阶段时，行业间的关联聚集性较弱且"成团"情况较为分散化；当股市处于极端波动阶段时，行业间的关联聚集性显著加强且"成团"情况更趋于集中化。研究发现三类特殊的社团结构，分别是：由同类或相近行业构成的社团结构、内部成员数目较多且汇集了多种行业的社团结构、具有固定行业组成的社团结构。

（2）股市行业关联网络的结构稳定性分析。基于平面最大过滤图（Planar Maximally Filtered Graph，PMFG）算法构建股市行业间 PMFG 关联网络，通过计量分析、仿真模拟分析等研究方法，分别从网络稳定性量化分析、股市系统性风险强度分析、网络鲁棒性与脆弱性分析以及网络稳定性影响因素分析等多种角度探究股市行业网络的稳定性机制。此外，重点分析了国内外极端金融事件对股市行业网络结构稳定性的影

---

① 国内外极端金融事件主要包括：2013 年的"钱荒"事件、2015 年的"股灾"事件、2018 年的中美贸易摩擦以及 2020 年暴发的新冠疫情。

响，并以中美贸易摩擦为研究背景，基于遭受贸易制裁的行业，创新性地提出"混合攻击"方式对行业网络进行仿真模拟分析，从而分析中美贸易摩擦对中国股市整体稳定性的影响。研究发现，近些年的国内外极端金融事件均对中国股市产生了不同程度的冲击，从而引发股市极端波动、股市稳定性下降以及系统性风险加剧等多方面问题；行业网络对随机攻击具有较强的鲁棒性，但是对蓄意攻击具有脆弱性，以中美贸易摩擦为代表的极端金融事件会明显降低中国股市的整体稳定性；行业网络结构稳定性的主要影响因素可分为三类，分别是网络拓扑结构特征、国内宏观经济状况以及国际金融市场表现。

（3）波动溢出视角下股市中系统重要性行业的识别。基于GARCH-BEKK模型构建股市行业间波动溢出网络，通过滑动窗口分析法、因子分析等研究方法，分别从行业网络中心性分析、行业系统重要性综合评价指标构建以及行业系统重要性排名分析等多种角度探究并识别股市中的系统重要性行业。此外，重点分析了国内外极端金融事件对各行业系统重要性的影响。研究发现，从整体角度，资本货物行业具有最高的系统重要性，是股市中的核心风险传染源；技术硬件与设备、材料及零售业等行业具有较高的系统重要性，是股市中的次级风险传染源；运输、商业和专业服务、汽车与汽车零部件、软件与服务等行业属于股市中的"风险传染桥梁"；银行、保险及电信服务等行业属于股市中的"风险主要承受者"。股市中各行业板块的系统重要性具有明显的轮动效应，这种现象一方面源于国内外不同政策对某些行业的利好促进或利空冲击作用，另一方面源于股市中部分行业（有色金属、煤炭、石油等）具有明显的周期性，导致这些行业的系统重要性具有"周期性"上下浮动特征。

（4）波动溢出视角下股市金融风险跨行业溢出效应及传染路径分析。基于波动溢出指数模型构建股市行业间波动溢出网络，通过全样本静态分析法、滚动窗口动态分析法以及块模型分析法等研究方法，分别从股市整体风险波动溢出水平、行业间的风险溢出效应、波动风险在聚集块间的传递机制、不同聚集板块在风险传染过程中的角色识别等多种角度探究股市金融风险的跨行业溢出效应及传染路径。研究发现，从股市总体角度，中国股市行业间存在较强的风险波动溢出效应；从行业间双向溢出角度，具有高强度波动溢出的行业组合之间在生产、制造、销售、资金运转、技术支持等业务方面具有紧密的相关性，行业间的风险传染强度与行业间的业务往来紧密程度具有一定的相关性；通过块模型分析，行业间波动溢出网络被划分为四个功能不同的风险聚集块，分别是净溢出板块、净溢入板块、双向溢出板块、经纪人板块；板块内部行业的组成、板块的功能类型以及各板块间的风险传递路径具有时变演化特征，其表现在股市处于平稳期与极端波动期时有显著差异。

李延双

2024 年 1 月

▌目录

第1章　绪论

1.1　研究背景

股票市场是经济的晴雨表，是金融市场的重要组成部分，股市波动易受全球经济环境、国内外宏观经济政策、市场供需状况、突发公共卫生事件、极端气候等多方面因素的影响。

近年来，国内外极端金融事件频繁出现，在各类极端事件的冲击下，各国金融市场间、行业间、个股间均出现了"齐涨共跌"的情形。作为新兴金融市场中发展最快的国家，中国股市受国际金融市场的严重影响也曾一度出现了股指极端波动的情况，股市中各行业板块间的风险溢出效应也显著增强。

与此同时，各类极端金融事件所带来的经济形势不确定性促使投资者悲观情绪加剧，以中国A股市场为代表的金融市场严重受此影响而震荡剧烈，金融系统性风险加剧。

随着金融机构（市场、行业）间的关联紧密度日益加深，以往侧重金融机构（市场、行业）个体行为的传统监管模式已经不足以有效防范与控制系统性风险的累积与传染。究其原因，主要在于传统的微观审慎监管模式并没有重点关注金融市场与实体经济之间由于业务往来以及投入产出关系而形成的错综复杂的关联性，以及由此形成的金融复杂网络。金融复杂网络具有复杂性、连通性、多元性、传染性、联动性等多种特性，一旦金融网络中的某个体（市场、行业、金融机构等）因资金链断裂等因素而陷入破产危机，金融系统内看似安全的其他个体，由于在市场投资者间的投资组合、金融资产交叉持有等投资交易行为中与危机个体建立了金融风险传染渠道，凭借金融网络的风险传染机制，风险会迅速蔓延至金融复杂网络内的所有个体，从而导致金融系统的最终崩溃并引发金融危机。金融危机的频发使得防范系统性风险问题越发得到重视。金融系统性风险具有突发性、传染性、复杂性、危害性、隐蔽性、不稳定性等特点，会对整个社会经济造成很大的影响。因此，当前需要通过宏观审慎监管模式来有效控制金融系统性风险的形成及蔓延。

总体来看，我国金融系统具有良好的发展趋势，但由于金融体系与相关规章制度还不够成熟，金融系统内部潜在的风险正在逐渐积聚，金融市场的脆弱性随着金融复杂性的提高也具有明显的上升趋势。因此，既要防止"黑天鹅"事件，也要防止"灰犀牛"风险。在此背景下，有必要准确衡量系统性风险的大小、识别金融系统性风险的主要传染源（系统重要性个体）与传染路径、有效分析系统性风险与金融稳定性的主要影响因素、制定风险预警机制以及防范和化解系统性风险的政策方针，从而严格把控金融市场的系统性风险并维护股市及金融市场的稳定运行。考虑到金融市场和实体经济间复杂的交互行为以及金融系统本身就是一个庞大的复杂网络，通过复杂网络理论，并结合计量经济学、传染动力学等研究方法能够有效解决上述问题。

1.2 研究意义

1.2.1 理论意义

考虑到金融市场与实体经济中各行业间的复杂交互行为，本书从股票市场中各行业板块间的关联特性以及信息溢出角度出发，对金融市场内部的关联聚集特性、金融稳定性分析、系统性金融风险的度量、金融风险传染等方向进行研究，具体内容如下：

（1）在金融市场内部的关联聚集特性方面，以复杂网络作为理论分析基础，通过分析网络的基本拓扑结构指标以及网络社团结构特征的动态演变模式，从多角度综合分析股市行业板块间关联聚集特征的复杂性、规律性及动态性，能有效地度量行业板块之间的关联聚集特性，丰富了股市行业板块间关联聚集特性的测量方法。

（2）在金融稳定性分析方面，从复杂网络的视角构建中国股市行业板块间关联网络，结合计量分析和仿真模拟等方式，通过网络的整体拓扑结构特征、节点的个体拓扑行为、网络的鲁棒性与脆弱性等多种角度分析股票市场的稳定性。将股市稳定性分析的问题转化为对股市网络结构稳定性的研究，丰富了股票市场稳定性的研究方法，并有效弥补了传统计量方法在股市稳定性分析中的不足之处。

（3）在系统性金融风险度量方面，首先，从复杂网络拓扑结构特征的角度测度股市中各行业板块的系统重要性，这是传统计量方法所不能实现的。其次，基于多种网络中心性指标，通过因子分析方法构建节点系统重要性综合评价指标，并以该指标为标准有效识别股市中各行业板块的系统重要性，为系统性金融风险度量的相关理论研究提供新的视角。

（4）在金融风险传染方面，结合波动溢出指数模型与复杂网络理论构建股市行业间波动溢出网络，在同一框架下同时研究股市整体风险传染水平的度量、股市行业间风险传导方向与强度的求解、行业间风险传染路径及传染机制等重要问题，丰富了股票市场中金融风险传染问题的研究方法。

1.2.2 现实意义

本书对投资组合与金融风险管理具有重要实践与指导意义，具体内容如下：

（1）在金融市场内部的关联聚集特性方面，通过分析股市行业关联网络的拓扑结构在不同时期（尤其是处于极端金融事件发生期）的动态演变特征，可以有效了解股市整体及行业个体的特性，有助于对股市未来的演化行为做出合理预测。股市处于极端金融事件发生期，根据股市整体及行业个体的历史表现特性，可为市场投资者进行合理的投资组合及风险规避提供有效建议，同时有助于金融监管部门做出有针对性的金融风险管理方案。

（2）在金融稳定性分析方面，通过分析股市行业关联网络的结构稳定性、鲁棒性与脆弱性在不同时期（尤其是处于极端金融事件发生期）的动态演变特征，识别影响网络结构稳定性的主要因素，有助于金融监管部门和机构投资者了解我国股票市场的稳定性机制，在特殊时期对股市进行政策干预以防范系统性风险累积而引发金融危机，严格把控金融市场的系统性风险，从而维护我国金融系统健康稳定发展。

（3）在系统性金融风险度量方面，通过构建股市行业系统重要性综合评价指标，对各行业板块的系统重要性进行动态排名及对比分析，探究极端金融事件对各行业板块系统重要性的冲击影响，为金融监管部门和机构投资者有效识别股市中的系统重要性板块提供了一定参考，一方面有助于投资主体在配置股市资产权重时进行有效策略分析，另一方面有助于金融监管部门重点关注具有重要影响力的行业，在特殊时期对其进行相应政策干预以加强宏观审慎管理，严格把控金融市场的系统性风险，从而维护我国金融系统健康稳定发展。

（4）在金融风险传染方面，从风险波动溢出的视角，有效捕捉金融市场行业间的联动及风险溢出特征、准确识别行业间的风险溢出路径以及不同行业在风险溢出中所扮演的角色（风险输出者或风险接收者），为金融监管部门有效识别股市中金融风险跨行业的传染路径及传染机制提供了一定的参考，有助于我国金融监管部门提高系统性风险防范意识、制定相应风险预警机制、有针对性地设置风险免疫措施，从而有效避免系统性金融风险的形成与扩散，为"牢牢守住不发生系统性金融风险底线"提供实践参考。

1.3　研究内容与结构安排

1.3.1　研究内容

在全球经济环境不确定性加剧、极端金融事件频发的背景下，有必要准确衡量系统性风险的大小、识别金融系统性风险的关键传染源与主要传染路径、有效分析系统性风险与金融稳定性的主要影响因素、制定风险预警机制以及防范和化解系统性风险的政策方针，从而严格把控金融市场的系统性风险并维护股市及金融市场的稳定运行。考虑到金融市场和实体经济中各行业间复杂的交互行为，本书从股市中各行业板块间的关联特征及信息溢出视角出发，通过结合复杂网络理论、计量经济学、传染动力学以及计算机仿真模拟等研究方法，构建多种股市行业板块间关联网络，分析行业板块间的关联聚集特性，探究股市行业关联网络拓扑结构特征及稳定性机制，识别股市中的系统重要性行业，揭示股市中金融风险的跨行业传染机制。具体内容如下：

（1）股市行业间关联聚集特性分析。以中国股市中24个行业板块为研究对象，基于最小生成树（MST）算法、Louvain社团发现算法、多种网络基本拓扑指标等理论，结合静态及动态分析方法，分别从网络拓扑结构分析、网络社团结构划分等多种角度研究中国股市行业板块间的关联聚集特性，具体研究内容包括中国股市行业板块间MST关联网络的构建、网络基本拓扑指标的动态分析、社团结构的划分（行业聚集板块的划分）及动态演变特征等。同时，重点分析国内外极端金融事件对股市行业间MST关联网络的拓扑结构特征及社团结构划分情况的影响，从而揭示极端金融事件对中国股市行业板块间关联聚集特性的冲击。

（2）股市行业关联网络的结构稳定性分析。以中国股市中24个行业板块为研究对象，基于平面最大过滤图（Planar Maximally Filtered Graph，PMFG）算法、网络稳定性、网络鲁棒性、仿真模拟分析及计量分析等多种研究方法，分别从网络结构、网络鲁棒性、网络稳定性的主要影响因素等多种角度探究中国股市行业间关联网络的稳定性机制，具体研究内容包括中国股市行业间PMFG关联网络的构建、股市行业间关联网络稳定性量化分析、股市系统性风险强度的动态分析、股市行业间关联网络稳定性的影响因素分析等。同时，考虑到近些年国内外极端金融事件对中国股市的冲击作用，以2018年"中美贸易摩擦"事件为实际研究背景，基于实际遭受贸易制裁的行业板块，在常规仿真攻击模式（随机攻击和蓄意攻击）的基础上，有针对性地提出"混合攻击"的方式对中国股市行业间PMFG关联网络进行仿真模拟分析，并由此分析中美贸易摩擦事件对中国股市整体稳定性的影响。

（3）波动溢出视角下股市中系统重要性行业的识别。以中国股市中24个行业板块为研究对象，基于GARCH-BEKK模型、滑动窗口分析法、网络中心性指标、因子分析模型等理论，结合静态及动态分析方法，从多种角度探究波动溢出关联视角下各行业的影响力水平并识别股市中的系统重要性行业，具体研究内容包括行业间波动溢出网络的构建、各行业对应的多种网络中心性指标（度中心性（Degree Centrality，DC）、接近度中心性（Closeness Centrality，CC）、Beta Reach 中心性（Beta Reach Centrality，BRC）、Bonacich 中心性（Bonacich Centrality，BC）、信息中心性（Information Centrality，IC））的求解与排名分析、股市行业系统重要性综合评价指标的构建及排名分析等。同时，在动态分析过程中考虑到极端金融事件对股市的影响，在分析中加入极端金融事件对股市行业系统重要性的影响研究。

（4）波动溢出视角下股市金融风险跨行业溢出效应及传染路径分析。以中国股市中24个行业板块为研究对象，基于全样本静态分析与滚动窗口动态分析方法，综合运用波动溢出指数模型、复杂网络理论与社会网络中的块模型理论，从多种角度探究中国股市行业间的风险传染效应，具体研究内容包括股市行业间波动溢出网络的构建、行业间的风险溢出方向分析、各行业风险传染（接收）强度的求解、金融风险传染路径的行业聚集性分析、不同聚集板块在风险传染过程中的角色功能识别。此外，在动态分析过程中，重点分析了近些年的极端金融事件对股市金融风险跨行业溢出效应及传染路径的影响。

1.3.2 结构安排

本书共由7章构成，大体上遵循循序渐进的顺序。

第1章，绪论。阐述研究背景，明确研究意义，确定具体的研究内容及本书的结构框架，说明研究方法及技术路线。

第2章，相关研究文献和理论基础。对金融复杂网络方向的相关研究文献进行综述，并对已有文献的贡献与不足进行总结。阐述本书研究内容所涉及的主要理论，相关理论基础主要包括复杂网络的基本概念、复杂网络的特性、网络基本拓扑结构指标、网络稳定性评价指标、节点系统重要性评价指标、网络社团结构以及块模型等。

第3章，基于MST算法的股市行业网络拓扑结构特征研究。首先，基于滑动窗口法与最小生成树算法构建中国股市行业间的动态关联网络，探究行业间关联网络拓扑结构的动态演变情况，并分析国内外极端金融事件对行业间关联网络基本拓扑结构的影响。其次，基于Louvain算法对中国股市行业间关联网络进行社团结构划分，以图示的形式揭示不同社团内部的行业组成情况。最后，通过度中心性指标分析各时期网络中社团结构内部的核心行业、行业组合及其动态变化情况，识别具有特殊性质的社团结构，挖掘中国股市中行业间的关联方式及聚集特性。

第4章，基于PMFG算法的股市行业网络结构稳定性研究。首先，基于PMFG算法构建中国股市行业间PMFG网络，分析行业间PMFG网络拓扑结构的动态演变情况。其次，基于网络拓扑指标构建网络稳定性系数及系统性风险评价指标，动态分析中国股市稳定性及系统性风险的变化情况。再次，选取网络崩溃程度指标和网络全局效率作为网络鲁棒性代理指标，通过随机攻击、蓄意攻击及混合攻击的仿真模拟方式分析行业间关联网络的鲁棒性。最后，通过计量方法从多种角度分析影响中国股市行业网络结构稳定性的主要因素。

第5章，基于波动溢出网络的股市行业系统重要性研究。首先，基于GARCH-BEKK模型识别各行业间的波动溢出关系并构建动态的中国股市行业间波动溢出网络。其次，基于动态的中国股市行业间波动溢出网络求解和行业对应的多种网络中心性指标，从多种角度分析各行业影响力的动态演变。最后，基于多种网络中心性指标，通过因子分析方法构建节点系统重要性综合评价指标，并从动态视角分析各行业系统重要性在不同时段的排名及变动情况。

第6章，基于波动溢出网络的股市行业间的风险溢出效应研究。首先，基于DY波动溢出指数模型识别各行业间的波动溢出关系并依此构建中国股市行业间波动溢出网络。其次，分别从全样本静态分析和滚动窗口动态分析这两种视角深入探讨行业间的风险溢出效应。最后，通过块模型方法分析中国股市行业间的风险溢出机制，通过块模型将股市中各行业划分成具有不同功能的行业集合（板块），分析行业间的风险传染路径并识别各行业在风险传染中所扮演的具体角色。

第7章，研究结论及展望。阐述与总结本书的研究结论与主要贡献，分析当前研究工作存在的局限性并对未来的研究工作进行展望。

1.4 研究方法与技术路线

1.4.1 研究方法

1.4.1.1 文献分析方法

围绕"金融复杂网络"这一核心主题，通过查阅、梳理并总结与本书主要研究内容（金融复杂网络拓扑结构、金融复杂网络稳定性、系统性风险与金融机构系统重要性、金融风险溢出效应与风险传染）相关的国内外文献、教材等资料，全面了解课题的研究现状，确定课题的研究目的及研究意义，找到实现该课题的主要研究思路与研究方法。本书查找文献所用的数据库包括：中国知网、万方数据知识服务平台、Web of Science、EI平台、IEEE数据库、ScienceDirect数据库、SpringerLink数据库、Wiley Online Library等。

1.4.1.2　跨学科研究法

由于技术、市场与需求间的交互行为越发紧密，大量具有高度复杂性的社会问题向人类提出了前所未有的挑战。近些年，随着科学的快速发展，多种形式以及不同领域间的学科交叉现象出现在众多的研究课题中，使得交叉学科研究逐渐成为解决复杂性问题的重要手段。在此背景下，本书通过结合系统科学理论、统计物理学理论、金融计量理论、经济学理论及信息科学理论来综合解决书中所提出的各种问题。

1.4.1.3　金融计量分析方法

本书运用了多种金融计量分析方法。具体而言：第4章中，股市行业网络结构稳定性的主要影响因素分析部分运用了回归分析方法。第5章中，股市行业板块间的波动溢出关系分析（只分析波动溢出关系的有无及溢出方向问题）用到了GARCH-BEKK模型和Wald检验方法。此外，节点系统重要性综合评价指标的构建以及行业系统重要性动态排名分析运用了因子分析方法。第6章中，股市行业板块间的波动溢出关系分析（在分析波动溢出关系的有无及溢出方向问题的基础上，还能有效识别具体的波动溢出水平）分别运用了VAR模型、VMA模型及方差分解方法。

1.4.1.4　网络分析法

复杂网络是对复杂系统进行网络上的抽象，是一种能有效描述自然科学以及人文社会科学等领域间相互关联情况的交叉科学模型。复杂网络以数学、物理学、计算科学等理论为分析工具，以金融系统、交通系统等复杂系统为研究对象，将研究对象抽象为节点，将对象间的相互作用关系抽象为节点的连边。本书基于复杂网络构建了多种股市行业间关联及信息溢出网络，通过分析行业网络的整体及个体拓扑结构特征、探究网络的动态演化特征与规律，来研究股市行业板块间关联聚集特性、股市行业关联网络稳定性、系统重要性行业识别以及股市金融风险跨行业传染等问题。

1.4.2　技术路线

本书的技术路线如图1-1所示。

研究背景和研究意义

主要方法

主要内容

国内外研究现状

文献研究：查阅、梳理并总结金融复杂网络研究方向的国内外相关文献

1）构建股市行业 MST 网络
2）股市行业关联网络基本拓扑结构的求解与动态演变分析
3）划分股市行业关联网络的社团结构，挖掘行业间的关联方式及聚集特性

基于 MST 算法的中国股市行业网络拓扑结构特征分析

1）MST 算法
2）度、度分布、平均相关系数、平均路径长度
3）Louvain 算法

1）构建股市行业 PMEG 网络
2）网络稳定性评价指标的构建与动态演变分析
3）网络结构鲁棒性分析
4）网络结构稳定性的主要影响因素分析

基于 PMEG 算法的中国股市行业网络结构稳定性研究

1）PMFG 算法
2）网络稳定性评价指标
3）仿真实验（随机攻击、蓄意攻击、混合攻击）
4）计量回归分析

1）构建股市行业间波动溢出网络（有向无权）
2）多角度分析行业影响力水平及动态演化特征
3）构建行业系统重要性综合评价指标
4）动态分析行业系统重要性

基于波动溢出网络的中国股市行业系统重要性研究

I）GARCH-BEKK 模型、Wald 检验方法
2）网络中心性分析
3）因子分析方法
4）热力图分析法

1）构建股市行业间波动溢出网络（有向有权）
2）分析股市中各行业间的风险溢出方向、溢出强度及动态演变模式
3）分析股市风险跨行业的传染机制及其动态演变特征

基于波动溢出网络的中国股市行业间风险溢出效应研究

1）DY 波动溢出指数模型
2）滚动窗口动态分析法
3）社会网络块模型理论

研究结论与展望

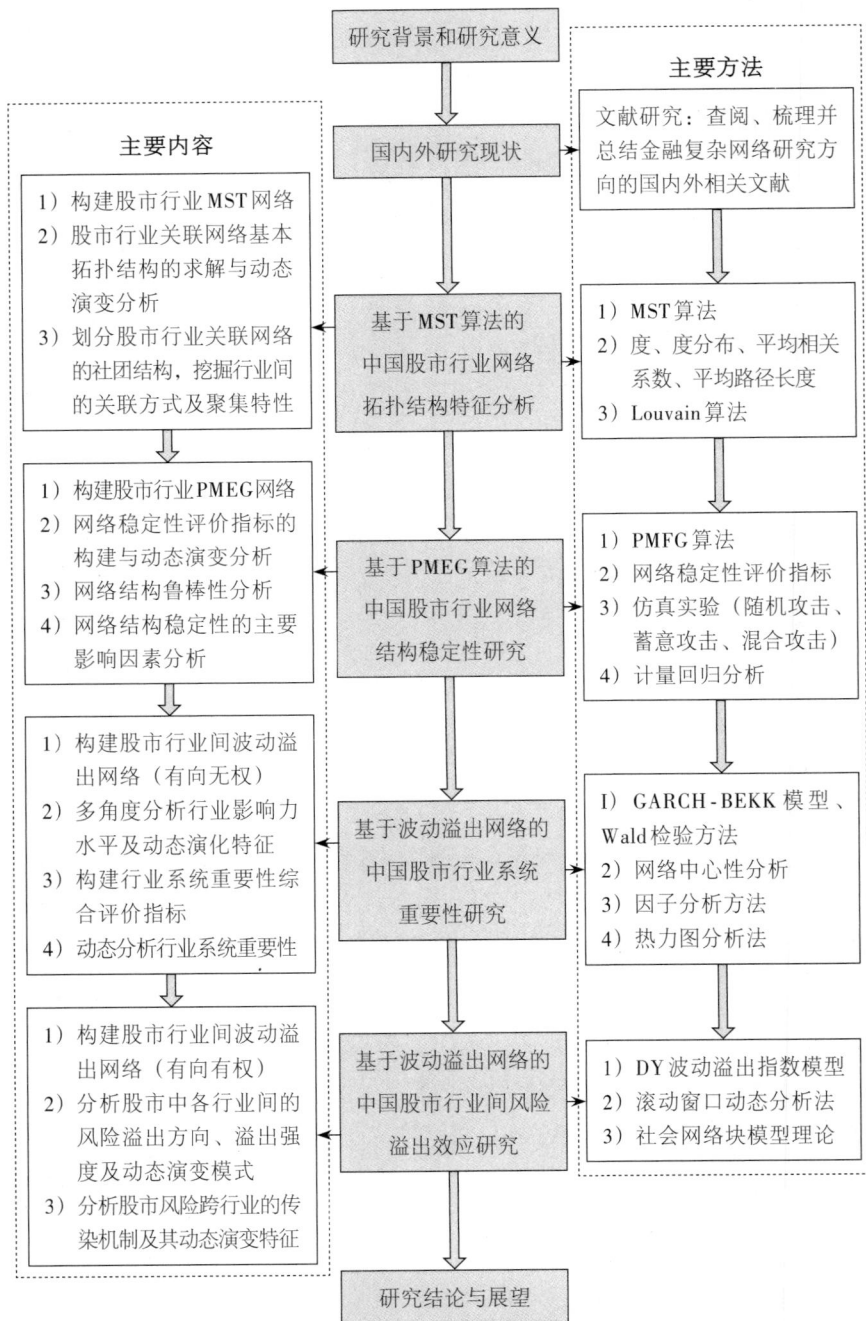

图 1-1 本书的技术路线图

第2章 相关研究文献和理论基础

本章介绍了金融复杂网络方向的相关研究文献以及以复杂网络理论为基础的主要理论。相关研究文献主要包括复杂网络理论的起源；金融复杂网络的国内外研究现状；金融复杂网络拓扑结构的相关研究；金融复杂网络稳定性的相关研究；系统性风险与金融机构系统重要性的研究；金融风险溢出效应的相关研究以及相关文献的综合评述。相关理论基础主要包括复杂网络的基本概念；复杂网络的特性；网络基本拓扑结构指标；网络稳定性评价指标；节点系统重要性评价指标；网络社团结构以及块模型等。

2.1 相关研究文献

复杂网络是对复杂系统进行网络上的抽象，它是一种能有效描述自然科学以及人文社会科学等领域间相互关联情况的交叉科学模型。复杂网络以数学、物理学、计算科学等理论为分析工具，以自然系统、金融系统、交通系统等复杂系统为研究对象。随着复杂网络理论的快速发展和不断完善，其应用领域也越来越广泛。当前，从复杂网络视角出发，分析网络的整体和个体拓扑结构特征、探究网络的动态演化特征与规律，已经成为金融领域研究中的热点问题。

2.1.1 复杂网络理论的起源

复杂网络理论起源于图论[①]（Graph Theory）和随机图理论[②]（Random Graph Theory）。图论的发展源于人们对史上最著名的四个经典问题[③]的研究：分别是"哥尼斯堡七桥问题""哈密顿问题""四色猜想问题""旅行商问题"。到了 20 世纪末，"小世界网络"与"无标度网络"的相继发现及其产生机理的揭示，正式标志着复杂网络领域的相关研究进入了一个新的时代。在此之后，大量的研究者们投入到复杂网络模型的探究与开发之中。在 BA 无标度网络模型的基础上，研究者们又提出了许多新的模型，例如 Dorogovtsev 等（2000）提出了原始吸引模型和幂律增长模型；Bianconi 等（2001）提出了适应性模型；Krapivsky 等（2005）提出了非线性增长模型；Liu 等（2002）介绍了随机模型、混合增长模型以及对数增长模型；Yook 等（2001）提出了一种无标度网络的演化模型，该模型对网络的边赋予了简单的权重；Zheng 等（2003）提出了一种既考虑简单的边权重又考虑到节点的度和点强度的无标度网络模型。国内学者汪小帆首先扛起了国内科学界探索复杂网络理论的大旗，他于 2002 年在国外杂志上发表了一篇综述文章，总结了近些年复杂网络理论在全世界不同领域取得的主要进展与重要成果。此后，有关复杂网络理论的研究进入了高速发展阶段。

随着计算机科学和 Internet 技术的迅速发展，人类已经逐渐生活在一个与复杂网络密切相关的世界中。近年来，对非线性科学和复杂性问题的研究逐渐开始在国际上形成了研究热潮，如何发现复杂网络的构成机理、挖掘网络的拓扑结构特征以及探究网络的动态演化行为等研究方向引起了众多学科领域的高度重视。

---

① 徐俊明. 图论及其应用 [M]. 4版.北京：中国科学技术大学出版社，2019.
② 汪小帆，李翔，陈光荣. 复杂网络理论及其应用 [M]. 北京：清华大学出版社，2006：260-261.
③ 郭世泽，陆哲明. 复杂网络基础理论 [M]. 北京：科学出版社，2012：23-24.

2.1.2　金融复杂网络的国内外研究现状

随着经济全球化的迅速发展及金融业务复杂性的提高，金融机构（市场、行业）间的关联紧密度日益加深，考虑到金融市场和实体经济间复杂的交互行为以及金融系统本身就是一个庞大的复杂系统，近年来，学者们开始运用复杂网络理论，并结合计量经济学、非线性动力学等相关理论对全球金融市场进行了逐渐深入的研究，并在金融网络拓扑结构分析、金融市场或金融机构间的关联性、金融市场稳定性分析、金融市场（机构）系统重要性识别、金融风险传染等研究方向上取得了可观的成果。

例如，Wang 和 Xie（2016）以国际市场中 42 种主要货币为研究对象，并基于非对称 Joe-Clayton copula 模型、MST 模型及 PMFG 模型分别构建了国际外汇市场间的上尾依赖网络和下尾依赖网络。研究发现，两种尾部依赖网络在拓扑结构方面（密度、集群、派系、社团）有显著区别，且网络拓扑特征在市场处于不同行情时（繁荣期或衰退期）有明显的动态演变特征，该发现能够为投资者进行投资或对冲策略提供一定的参考。Zhang 等（2020）使用 GARCH-BEKK 模型构建了 G20 股票市场间的波动溢出网络，基于空间计量模型研究了 G20 股票市场间的空间溢出效应，并探讨了国际股票市场中金融风险的主要影响因素。研究发现，全球股票市场存在显著的空间溢出效应，波动溢出网络存在聚集效应、层次结构和动态演化特征，股市波动、政府债务和通胀与系统性风险呈现明显的正相关性，且所有解释变量对系统性风险的间接溢出效应均大于直接溢出效应。谢赤等（2021）基于风险 Granger 因果检验方法构建了中国泛金融市场的有向加权风险溢出网络，并以此来分析各市场间的极端风险溢出演化规律。研究发现，各子市场间的极端风险溢出效应具有时滞性，大宗商品和债券市场这两个子市场间存在显著的极端风险溢出效应，且这种现象在金融危机之后尤为明显。陈少凌等（2021）基于 HD-TVP-VAR 模型构建了中国股市行业间的全局风险网络，并重点探究了金融行业在风险网络中的系统重要性。研究发现，中国股市中各行业间的风险溢出具有"唇齿相依"的复杂结构，且金融风险事件的发生会显著影响金融行业对实体行业的风险溢出情况。

2.1.3　金融复杂网络拓扑结构的相关研究

由于金融市场和实体经济间存在着复杂的交互行为，所以金融系统本身就构成了庞大的复杂系统，随着复杂网络理论在管理科学与金融领域的快速发展，从复杂网络视角出发，分析网络的整体和个体拓扑结构特征、探究网络中个体间的关联特征、网络的动态演化特征与规律，已经成为金融领域研究的热点问题。近年来，学者们以金融复杂网络的拓扑结构为研究视角，通过网络度分布、网络密度、网络中心性、社团结构等网络拓扑结构特征来分析股票关联性及聚集性、系统性风险测度、风险传染、股市稳定性等一系列重要问题。

2.1.3.1　网络基本拓扑结构在金融网络分析中的应用

网络分析方法是探究金融市场内在结构功能的重要手段，金融网络的整体及个体拓扑结构特征是理解金融网络的构成方式与动态演化行为的关键切入点。在网络结构的研究方面，Mantegna 等（1999）以纽约证券交易所的股票数据作为研究样本，将股票作为网络中的节点，以股票间的价格关联性（基于 Pearson 相关系数）作为网络的边，进而得到了股票价格关联网络的层次聚类结构。研究发现，股票投资组合中检测到的层次聚类结构与股票收益情况会受到多种经济因素影响，且这些经济因素的数量和相对影响的大小因股票而异。这一突破性的研究贡献为复杂网络理论在金融市场的应用打下了坚实的基础。Bonanno 等（2003）参照 Mantegna 等（1999）的研究方法，以 1987—1998 年纽约证券交易所的股票交易数据为研究样本构建了股票间的 MST 关联网络，并对网络进行了实际计算与仿真模拟分析，研究发现实际的股票市场和人工模拟的股票市场的网络结构在整体及个体拓扑结构方面有显著区别，其中，实际的股票市场网络具有节点重要性的层次分布，而人工模拟的股市网络无法捕捉到这种复杂的层次结构，即实际的股票价格关联网络的层次聚类结构是无法通过仿真模型来实现的。

早期的研究者们大多是参照 Mantegan 等（1999）的研究方法，基于复杂网络理论研究金融市场中的相关问题，但随着复杂网络理论在金融领域的迅速发展，研究者们纷纷提出了更多新颖的研究方法。例如，Kim等（2002）以标普500指数的500只股票的数据为研究样本，基于加权随机图构建了股票间的全连接加权网络，并对网络中各节点的影响强度进行了分析，研究发现节点在网络中的影响强度分布情况符合幂律分布，说明各股票在股市中的影响力具有典型的无标度特性。Onnela等（2004）以纽约证券交易所477只股票为研究对象，基于股票收益率间的相关性构建了资产网络，分析了网络中的派系和平均聚集系数等拓扑指标，并将该网络与相同规模的随机网络进行对比，研究发现资产网络与随机网络在网络拓扑结构周期性增长、网络集群数量等方面具有显著的区别，资产网络能够更准确地反映出股市中存在的高度网络化现象。Soramaki等（2007）将研究对象从美国证券市场转移到了美国商业银行市场，基于复杂网络构建了美国商业银行间的支付转移网络，分析了银行支付网络的结构特征及相关性质，研究发现网络具有较低的平均路径长度和较低的连通性，且该网络具有典型的"核心-边缘"结构以及度分布无标度特性。此外，银行支付网络的结构在2001年"9·11"事件爆发后有明显的变化。用复杂网络理论来分析金融市场起源于美国，因此，早期的研究对象均为美国的金融市场，随着网络分析方法在金融科研领域的普及，世界各地的研究者们逐渐把研究视野拓展到其他国家的金融市场。例如，Pan等（2007）以1996—2006年的印度金融市场的股票交易数据为研究样本，根据Mantegna等（1999）的研究方法做了实证研究，发现了印度金融市场股票网络的层次聚类结构。Lee等（2007）以韩国证券市场的200只股票为研究对象，基于MST算法构建了相应的股票价格关联网络，并分析了诸如平均路径长度、度、度分布等基本拓扑指标，研究发现韩国股市最小生成树网络的节点度分布情况服从幂律分布。Tabak等（2010）构建了巴西股票市场的最小生成树网络，发现巴西股票市场的各行业板块间存在明显的聚类现象。Namaki等（2011）采用阈值法构建了伊朗股票市场的复杂网络，发现该网络具有无标度特性。Lee等（2012）以韩国综合50指数中的50只股票为研究对象，构建了相应的与股价波动关联的动态复杂网络，发现市场波动强弱与网络密度及股票间价格波动的关系。Li 等（2007）以中国香港股票市场的恒生指数为研究对象构建了一种加权证券指数网络，通过相应的网络拓扑指标来研究恒生指数的波动特点，得出中国香港证券市场相对于随机网络系统来说是一个非常稳定的金融市场。

有关复杂网络理论在中国金融市场的应用，庄新田等（2007）以2002—2004 年上海证券交易所的股票交易数据为研究对象，构建了无权无向的上海股市关联网络，研究发现该网络具有典型复杂网络的统计特性——小世界特性和无标度特性。黄玮强等（2008）分别运用 PMFG 算法和 MST 算法构建相应的股票收益率间关联网络，分析网络的基本拓扑统计特征和网络聚类结构，研究发现股票关联网络具有典型的小世界特性，股市中各股票的影响强度分布特征具有典型的无标度特性，股票间存在的异类匹配模式揭示了股价波动的信息传染过程，对股票关联网络宗派和派系的聚类分析能有效挖掘出股票间的聚类信息。蔡世民等（2011）基于股票价格波动序列的相关特性构建了金融阈值网络，并用平均度、聚类系数等拓扑指标分析了网络的结构特征及演化机制，研究发现股市网络具有典型的层次性和异配性，网络中的部分节点具有重要影响力。张来军等（2014）分别构造了以收益率、成交量、市盈率为关联依据的股市网络结构，并通过多种网络拓扑结构指标来分析 3 种不同网络的结构特征，研究表明收益率和成交量间具有高度关联性，且对应的股市网络具有典型的小世界特性。李政等（2016）以 2008—2015 年我国上市金融机构为研究对象，从信息溢出视角构建金融机构间关联网络，通过多种网络拓扑结构指标探究了金融网络的总体关联性以及影响网络关联性的主要因素，研究发现金融机构间关联网络具有小世界特性和无标度特性，且影子业务规模的高速增长是金融关联水平提升的关键因素。胡宗义等（2018）以中国上市金融机构的总市值为研究对象，构建了金融机构间的互信息系数网络模型，利用互信息系数矩阵、最大生成树等理论研究了网络拓扑结构特征与金融系统性风险的关系，研究发现金融系统内部成员间的相关性能够在一定程度上对系统性风险进行预测，金融机构间的网络拓扑结构与系统性风险没有明显的趋势性关系，网络结构在受到金融危机等外部冲击时具有弹性，网络结构的中心化程度在受到外部冲击后明显加强。张自力等（2020）基于股票收益率的相关系数构建股票关联网络，通过多种静态拓扑结构指标分析了股市的结构特征和系统性风险的传染路径，研究发现股票投资组合的收益情况与网络中心性具有显著关系，且基于复杂网络的风险测度方式对股票的收益具有显著的解释能力。

2.1.3.2 社团结构在金融网络分析中的应用

社区挖掘是复杂网络理论众多研究方向中的一个重要分支，社区挖掘的目的是探索并发现存在于复杂网络中的那些具有固定性质的特殊结构——社团结构，从而有助于我们发现实际网络的潜在属性和功能。2002年，Girven和Newman首先提出了社区挖掘以及社团结构的概念并发现了著名的社团结构发现算法——GN算法，此后，他们又相继提出了模块性函数概念，基于模块性优化的FN算法，引入基于谱图理论的模块度优化算法，有关社团划分算法的研究由此进入了热潮，各种社区挖掘的算法也在不断更新和完善，例如Guimera等（2005）提出的SA算法，Raghavan等（2007）提出的LPA算法，Yang等（2007）提出的FEC算法，Blondel等（2008）提出的FUA算法，Jin和Liu（2011）提出的FNCA算法等。随着复杂网络的快速发展与不断完善，社区挖掘研究方向逐渐被广泛应用于计算科学、社会学、物理学以及经济学等众多研究领域。

近些年，对金融复杂网络中社团结构特性的研究正处于高速发展阶段，社团结构的划分可以有效了解金融网络中各组成单元间的聚集特性，对金融市场投资者进行风险对冲、投资组合决策等具有重要的参考价值。例如，Son等（2006）提出了一种能够有效识别加权和非加权网络的社团结构的算法，并将该算法用于纽约证券交易所的137只股票所构成的股价关联网络的社团划分。王娟等（2010）利用改进的Newman贪婪算法将沪市A股划分为13个社团，并利用社团间的紧密程度找到关系密切的社团，因此能够更清晰地了解股市中各只股票间价格波动的相互影响，从而可以更好地了解市场中的大量信息，为各类投资人进行投资决策以及预测行业前景提供了可靠的依据。兰旺森等（2010）为探究股票间相互影响行为以及提高投资组合的构建效力，以中国股市中煤炭和电力这两大板块中股票和股票之间的联系为节点和连边，建立了复杂网络，对网络进行了适当分区并抽取了一个高度耦合的中心网络。马源源等（2011）构建了上市公司与其主要股东的关联网络，基于加权派系过滤算法识别了网络中 3-派系社团结构，并分析不同阶段的网络社团结构的动态演变特征，研究发现社团内部存在具有桥梁作用的 Hub 节点，近些年社团结构总数量具有逐渐减少的趋势，网络中存在明显的社团重叠现象，且经济危机事件会加重社团间的融合与重叠趋势。宋宜飞等（2015）以沪市 A 股的股票为节点，以股票价格波动相关性为连边，分别构建了无向无权和有向无权的股票价格关联网络，分析了股票网络的社团结构以及社团中的股票行业分类情况，最终发现具有同涨同跌的股票子集和股市中的股价具有同涨同跌的关联属性。谢邦昌和游涛（2015）分别基于 PMFG 算法和 Info Map 算法，研究了中国股市行业网络在金融危机前、中、后三个阶段的联动效应及其社团结构，研究发现在危机期间行业间的网络联动效应明显加强，不同社团结构在危机期间具有相互融合的趋势，社团内部的核心行业存在对其他行业的局部影响优势，部分边缘行业间存在局部强联动效应。金永红和章琦（2016）基于 A 股中小板和创业板的数据构建了两种风险投资网络，运用 Girvan-Newman 方法对两个风险投资网络进行了社团结构划分，研究发现中国风险投资主要集中于东部沿海经济发达区域，在同一地区内，风险投资公司间进行联合投资的意愿与该地区的风险投资公司的数量具有密切关系。Mehmet（2016）提出了一种基于频谱理论构建伊斯坦布尔证券交易所连通网络的方法，并基于最小生成树算法、平面最大过滤图算法以及高维模块度（High Modularity）理论对证券市场关联网络的社区和内部层次结构进行了识别。王雪和张楠（2018）结合机器学习中的混合隶属度概念对股票网络进行社团划分，该方法既能有效实现股票网络的重叠社团划分，还能够基于社团划分结果判断股票在社团中的重要程度及与其他社团是否存在强度关系，对投资组合策略研究、投资风险抗击具有一定的参考意义。李延双等（2020）以 2008 年、2015 年国内两次股灾为背景，分别构建股灾前、中、后的中国股市网络社团结构，基于网络中心性指标分析各时期网络社团内核心股票、行业、股票组合及其变化，结果表明股市网络中存在3种具有特殊组成的社团结构，且部分社团间在股指极端波动时期出现了相互融合的趋势。

2.1.4　金融复杂网络稳定性的相关研究

中国股票市场是国际上发展速度最快且最具发展潜力的新兴资本市场，近些年随着经济全球化的快速发展以及人工智能、大数据等前沿技术在股票市场等金融领域的广泛应用，在提高金融业务复杂性及金融效率的同时，也带来了更多的来自金融系统性风险的压力。党的十八大以来，提高系统性金融风险防范意识、加强宏观审慎管理、守住不发生系统性金融风险的底线是党和国家金融工作的重要指导方针。维护金融市场的稳定性既是一个国家经济健康发展的必要保障，也是监管部门进行宏观审慎管理、把控系统性风险的最终目标。

金融网络的稳定性是指金融网络面临国内外的政治、经济、环境等多种外界因素冲击后继续维持自身稳定性的能力。近些年，随着全球金融突发事件的频繁出现，关于金融稳定性的研究逐渐成为学术界的热点问题，从复杂网络的视角研究金融网络结构稳定性并挖掘影响网络结构稳定性的主要因素，有助于金融监管部门和机构投资者了解我国股票市场的稳定性机制，一方面对市场投资者的投资组合、决策分析和风险管理具有重要意义；另一方面也有助于金融监管部门了解影响我国股市稳定性的主要因素，从而维护我国金融系统健康稳定发展。金融市场是典型的复杂系统，叶五一等（2014）发现引发金融危机的关键因素是金融脆弱性的集聚，而股市脆弱性主要来源于个股及行业间的关联复杂性及各种类型的风险溢出。

股票之间的高度关联性为金融风险的快速蔓延提供了关键渠道，因此，研究者们近些年纷纷选择从金融复杂网络拓扑结构的稳定性、鲁棒性、脆弱性等多种角度分析股市、银行、基金、大宗商品等金融市场的稳定性，并取得了众多成果。例如，李耀华等（2009）运用三重的最小生成树算法，构建了上海股市关联网络，并基于绝对介数和仿真模拟攻击实验的方法分别分析了上海股市网络的稳定性机制。研究发现，上海股市网络中的部分核心节点具有决定网络整体稳定性的关键作用，且上海股市网络在面对随机攻击时能够保持较好的鲁棒性，而面对蓄意攻击时则表现出明显的脆弱性。卞曰瑭等（2011）构建了股市投资广义网络及其扩展模型，并以网络度分布、平均路径长度等作为评价指标，对股市投资广义网络进行了仿真模拟实验以评估网络的稳定性，结果表明股市投资广义网络及扩展网络均具有典型的无标度性和小世界性，且扩展网络在随机攻击下能够保持较强的稳定性，而对蓄意攻击具有明显的脆弱性。Caccioli 等（2015）基于奥地利银行间的交易数据研究了金融网络中传染渠道的相互作用问题，主要的两种传染渠道分别源于交易对手失败时的风险以及重叠的投资组合敞口。根据不同的数据传输协议对金融网络进行不同类型的压力测试，研究发现当两个渠道同时活跃时，金融网络的脆弱性会明显增加，破产事件出现的概率大幅提升，并且会产生巨大的系统性影响。邵华明等（2017）基于高频交易数据构建了我国股市网络，从网络分析的角度对我国股市稳定性机制及其影响因素进行了深入探究，结果表明近些年中国股市网络的整体稳定性水平呈下降趋势，上市公司数量的增加、股市网络拓扑结构以及宏观经济波动等因素对股市稳定性均有影响。Zhang 等（2019）基于股票在险价值、价格波动相关性及多重分形特征指标构建了 3 种不同类型的股票关联网络，通过仿真模拟的方法研究了中国股票市场网络的鲁棒性及稳定性机制，并分析了股市网络拓扑结构、国内宏观经济指标、国际大宗商品市场等多种因素对中国股市网络结构稳定性的影响。刘海飞等（2018）基于最小生成树算法构建了股市 MST 关联网络，通过仿真实验分析了"沪港通"政策的开通对中国股市网络抗毁性的影响，研究发现中国股市网络对随机攻击均具有良好的鲁棒性，但对于恶意攻击表现出一定的脆弱性，"沪港通"政策的开通有助于提高我国股市整体的稳定性。Peron 等（2012）基于熵值法构建了股市鲁棒性度量指标，并分析了股市鲁棒性与股票关联网络的关系，研究发现网络平均路径长度与网络的鲁棒性显著相关，且股票关联网络的鲁棒性在金融危机时期下降明显。Silva 等（2016）使用网络方法分析了金融机构在巴西银行同业拆借市场中所扮演的角色，并提出了一种新颖的方法来评估银行网络如何成为完美的核心外围结构，研究发现巴西银行间网络呈现出高度不协调的混合模式，高度连接的金融机构优先连接到其他连接很少的金融机构，富人俱乐部效应在由大型银行机构组成的社团结构中普遍存在，其在银行间市场扮演流动性提供者的角色，这种相互联系有效地赋予了网络较高的稳定性。在压力时期，网络整体稳定性水平随着网络结构的变化而出现了明显下降，从而增加系统性风险和级联故障的可能性。Gao等（2013）以美国标准普尔500指数成分股为研究对象，通过滑动窗口技术全面研究了金融网络的动态演化，观察网络动态拓扑性质与重大金融崩溃事件之间的关系，实证结果表明随着时间的推移，金融网络具有稳健的小世界属性，当发生重大金融崩溃时，拓扑结构会发生巨大的变化，网络整体稳定性会明显下降。金融网络的动态演化与重大金融崩溃之间的这种对应关系为经济危机的预测提供了新思路。谢赤等（2020）基于MST算法构建了中国股市动态关联网络，对股市网络的动态演化特征和市场稳定性机制进行了研究，研究发现在金融危机和股市震荡期间，股市网络的紧凑性明显加强，节点的度分布和影响强度分布更加集中，且不同类型的金融危机事件对中国股市网络连通性和稳健性的影响程度具有显著差异。

2.1.5　系统性风险与金融机构系统重要性的相关研究

随着经济全球化的快速发展以及金融业务复杂性的逐步加深，国内外金融市场间、金融机构间以及行业间的关联程度也越发紧密，在提高金融效率的同时，金融市场的波动幅度、金融危机的发生频率也有所增加。金融风险的外部性是系统性风险产生的本质，因此需要监管机构采取宏观审慎的方法、制定相应政策等把控系统性风险。党的十八大以来，提高系统性金融风险防范意识、加强宏观审慎管理、守住不发生系统性金融风险的底线是党和国家金融工作的重要指导方针。从金融风险传染的角度，金融系统性风险（systemic risk）是指金融系统内的部分市场、行业或机构遭遇国内外政策及经济环境等方面不利因素的重大冲击时，由其自身产生的风险向金融系统中其他成员传染，导致其他成员甚至整个金融系统崩溃的风险。而系统性风险的大小又是判定系统重要性金融机构的重要评价标准。因此，准确测度系统性风险、有效识别金融系统中具有重要影响力（风险传染潜力）的对象是把控系统性风险与维护金融稳定性的关键环节。

自 2008 年国际金融危机以来，有关系统性风险的度量与传染、系统重要性金融机构或行业的有效识别等问题引起了学术界的广泛关注。目前，关于系统性风险的定义，学术界具有多种不同的观点。例如，杨子晖等（2018）认为系统性金融风险事件是指一系列（或某个）事件对金融机构或金融市场产生了明显冲击，严重影响了金融系统的正常运行以及公众对金融系统的信心，从而妨碍了经济增长，导致福利损失。Hart 等（2009）认为，系统性风险是指金融系统内的某家金融机构或市场发生崩溃等危机后向金融系统内的其他金融结构、市场进行传染，并导致其他金融机构甚至整个金融系统出现崩溃状态的风险。卜林和李政（2015）认为系统性风险主要包括两层含义：第一种是从宏观视角出发，将金融系统视为有机组合的整体来测量金融系统的整体风险；第二种是从微观视角出发，通过测量金融系统内各金融机构的系统性风险贡献度，从而识别系统重要性金融机构。在系统性风险度量的相关研究成果中，主流研究方法有两类：第一类主要包括综合指标法以及基于收益率损失和资本短缺的传统系统性风险度量方法；第二类则是从复杂网络视角度量系统性风险的方法。关于传统系统性风险度量方法的实际应用，陈雨露和马勇（2013）基于以往发生的金融危机事件以及系统性风险的累积过程，综合了银行利率水平、投资与融资水平、房地产价格以及股市表现等信息构建了"金融失衡指数"，通过政策模拟分析发现该指数能够有效衡量我国的系统性金融风险水平。解风敏和李媛（2017）基于系统性风险形成的两种金融失衡成因构建了金融失衡指数，并基于该指数预测了江苏省的金融风险发展趋势以及风险的主要形成原因。美国次贷危机前，在险价值（Value-at-Risk，VaR）是监管部门测度金融体系中某金融机构的风险的主要方法。由于方法本身的局限性，VaR 无法准确测度整个金融系统的风险且不能有效反映金融系统中各金融机构对金融系统的风险溢出效应。为解决以上问题，Adrian 和 Brunnermeier（2016）基于传统的 VaR 方法，提出了条件在险价值（CoVaR）方法和 ΔCoVaR 方法来测度当金融系统中的某一金融机构（市场）遭遇危机时，该金融机构（市场）对整个金融系统的风险贡献程度。此后，Acharya 等（2017）和 Brownlees 等（2017）又先后提出 MES 方法和 SRISK 方法来度量金融机构的系统性风险贡献度。张冰洁等（2018）提出了 CoES 模型，该模型在 CoVaR 模型的基础上加入了对尾部损失的均值的关注，能够更准确地度量金融部门的系统性风险。杨子晖等（2018）利用 VaR、MES、CoVaR 以及 ΔCoVaR 这 4 种模型度量了我国 A 股 56 家金融和房地产上市公司的系统性风险。朱衡等（2019）基于 MES、SRISK、ΔCoVaR 这3 种模型从多种维度识别中国保险公司的系统重要性，并分析影响系统重要性的主要因素。李政等（2019）基于 ΔCoVaR 和 Exposure-ΔCoVaR 方法测度了我国金融机构的系统性风险并对其系统重要性与脆弱性进行了评估。关于从复杂网络视角度量系统性风险的实际应用，隋聪等（2014）从银行间违约传染的视角构建了银行间网络，基于计算仿真实验的模式分析银行总体系统性风险与银行网络拓扑结构的关系。研究发现，银行网络的集中度水平在一定程度上会影响银行违约风险传染（由大银行倒闭产生的风险）的可能性。马钱挺等（2018）根据银行的主体动态行为（信用拆借、违约清算、投资分红等）构建内生网络模型，探究网络结构对银行整体系统性风险的影响。研究发现，银行网络的规模与银行系统性风险显著正相关，而网络中节点的异质性特征对银行系统性风险具有一定程度的抵御能力。黄玮强等（2019）从银行间的借贷关系出发，分别基于"最大熵法"和"最小密度法"构建了两类银行网络，从风险在网络中传染的视角分析银行系统重要性、风险传染能力并探究其影响因素。研究发现，银行资产规模、银行同业拆借利率、银行的系统重要性与风险传染能力显著正相关。其中，李政等（2019）基于 TENET 方法构建了中国行业间系统性风险溢出网络，并分析了行业间的风险溢出水平以及传染机制。研究发现，系统性风险的总体溢出水平在金融危机或市场过热期间具有显著上升趋势。Diebold 和 Yilmaz（2012）基于广义预测误差方差分解模型构建了风险溢出网络，用以分析金融市场的波动溢出效应。Huang 等（2018）基于金融机构的收益溢出效应构建金融机构间的 Granger 因果关系网络，通过多种网络拓扑指标度量各金融机构的系统重要性，并探究金融机构系统重要性的主要影响因素。上述网络分析法，既可以刻画金融系统内各金融机构的关联特性及风险传染特征，还可以识别金融系统内的风险传染源。

2.1.6　金融风险溢出效应的相关研究

近些年，国际金融市场的震荡越发频繁，各类国际或国内因素引起的极端金融事件给包括中国股市在内的世界各国的金融市场造成了重大影响，金融市场的复杂性与脆弱性逐渐显现。在宏观审慎的背景下，有效识别金融系统内金融风险的溢出效应、传染方式及传染路径是进行宏观审慎管理、把控系统性风险的关键。金融风险溢出效应是指金融系统内某金融机构遭遇资金严重短缺等危机时，会将自身风险扩散至其他金融机构甚至整个金融系统，进而造成整个金融系统产生风险。近些年，学术界对股市中金融风险传染的研究一直保持高度关注，大量的研究成果推动股市中金融风险传染的研究不断发展。随着复杂网络理论在经济学领域的快速发展，网络分析法已逐渐成为研究金融系统内金融机构间的关联性及金融风险溢出效应的关键工具，溢出效应主要包括收益溢出效应、波动溢出效应及尾部风险溢出效应。梁琪等（2015）结合有向无环图和溢出指数方法构建了股市信息溢出网络，对全球股市的联动特征与中国股市的风险传染进行了研究，测度了中国股市信息溢出的方向、水平和动态趋势。研究发现，国际股市的总体溢出效应具有显著的上升趋势，中国股市的方向性溢出、收益及波动溢出等动态特征对金融危机等极端事件的冲击具有较强敏感性。李政等（2016）构建了我国上市金融机构间的信息溢出网络，从网络视角分析了各金融机构间的关联特征及影响网络关联性的主要因素。Wang 等（2017）以 2008 年国际金融危机为研究背景，分别构建了金融机构间静态和动态的极端风险溢出网络并以此为基础进行了金融风险的溢出路径及传染角色的有效识别。研究发现，房地产和银行业在极端风险溢出过程中扮演着"主要输出者"的角色，而保险和多元化金融业扮演着"主要接收者"的角色。刘超等

（2017）从信息溢出视角构建了我国金融市场（资本市场、外汇市场、黄金市场等6个市场）间的波动溢出网络，分别从静态和动态视角考察我国金融市场中风险溢出的强度和方向及其演化机制。研究表明，我国金融系统的风险溢出具有波动性、不确定性、不对称性、高连通性及滞后性；货币市场是我国金融系统的风险传染源，具有最强的对外风险溢出作用；在金融危机期间，货币市场的风险溢出作用明显减弱，而大宗商品、股市、房地产等市场的风险溢出作用显著增强。宫晓莉等（2020）利用基于TVP-VAR模型的方差分解溢出指数方法，从波动溢出网络的视角分析中国金融系统内部（货币市场、资本市场、大宗商品交易市场、外汇市场、房地产市场和黄金市场）波动溢出的动态联动性及风险传染机制。杨子晖等（2020）基于有向无环图技术和动态波动溢出网络方法，围绕国际金融危机的冲击，探究全球系统性风险的动态演变机制，识别金融风险在全球市场内的传递路径以及传递强度等，并结合DY波动溢出指数模型以及多种金融计量方法，先后构建了金融机构间波动溢出关联网络、金融机构间尾部风险溢出网络、金融市场间非线性关联网络等一系列金融复杂网络，对金融系统内各类系统性风险的传染效应进行了系统性的深入研究。Li等（2020）从风险溢出的视角，基于GARCH-BEKK模型构建了中国跨区域股票市场的波动溢出网络，并使用QAP模型分析了影响区域股票市场之间波动溢出关联的因素。结果表明，波动溢出网络具有高度连通性，股市中各区域的溢出能力与其经济发展背景有关。此外，区域间网络拓扑指标、经济基础和产业结构的差异对中国区域间股票市场波动溢出的空间联系有显著影响。

2.1.7　文献评述

在文献综述部分，本书对复杂网络方法在金融市场的主要研究方向及相关研究成果进行了归纳和总结，具体包括：①金融复杂网络基本拓扑结构的相关研究；②金融复杂网络稳定性的相关研究；③系统性风险与金融机构系统重要性的相关研究；④金融风险溢出效应的相关研究。可以发现，已有研究通过运用图论、非线性动力学、计量经济学等理论并结合金融市场的实际运行机制，构建了多种类型的金融复杂网络模型。将网络拓扑结构特征、网络中个体间的关联特征、网络动态演化行为与规律等作为主要研究视角，对金融市场（机构）关联性及聚集性、金融市场稳定性、金融风险测度、系统重要性识别、金融风险传染等一系列实际问题进行了逐步深入的研究，并取得了众多具有参考价值和实践指导意义的研究成果。但是，已有研究仍然存在需要进一步探究和完善的地方，主要体现在以下四个方面：

（1）在金融复杂网络基本拓扑结构的研究方向上，现有研究通过金融复杂网络的拓扑结构、节点的拓扑指标、社团结构等网络特性的变化来分析金融市场的关联性、聚集性、风险传染机制等方面，取得了较好效果。但是现有研究仍忽略了如下两点问题：第一点，现有研究通常基于个股构建股票间关联网络，而较少有研究者基于行业间关联网络来研究行业网络的拓扑结构特征、行业间的关联性和聚集性等问题；第二点，在应用社团结构分析股市方面，现有文献集中于研究股市社团结构的划分方式。很少有文献从社团结构的特性及变化的角度研究国内外极端金融事件对股市中各行业集聚特性的影响。

（2）在金融复杂网络稳定性的研究方向上，现有研究表明，从网络的视角（将金融系统抽象为网络、金融系统内的各金融机构视为网络中的组成节点、金融机构间的关系视为节点间的连边），通过金融网络的拓扑结构、节点的拓扑指标、鲁棒性等网络特性的变化来分析金融市场的关联性及稳定性取得了较好效果。但是现有研究仍忽略了如下两点问题：第一点，现有研究通常是将个股作为研究对象来分析股市网络的稳定性，很少有研究分析股市行业间关联网络的稳定性；第二点，在金融网络鲁棒性的分析过程中，现有研究通常基于单一稳定性指标从单一角度研究网络的鲁棒性，而缺少基于多种稳定性指标对网络鲁棒性的多角度综合研究。

（3）在金融系统重要性识别的研究方向上，现有研究主要集中于应用 MES、CoVaR、SRISK 等市场模型测度金融系统性风险以及分析影响系统性风险的因素，但是基于复杂网络理论分析系统重要性的研究相对较少，且这些基于网络分析的研究通常基于金融市场或金融机构之间价格指数的关联性构建无向金融关联网络，而较少基于有向信息溢出网络来研究金融系统重要性。在系统重要性的研究对象上，现有文献主要集中于研究金融市场、金融机构或单只股票的系统重要性，而对行业板块系统重要性的关注较少。在金融系统重要性的刻画方面，大量文献仅从单一视角关注诸如度中心性、介数中心性、接近度中心性等网络中心性指标，而金融复杂网络的拓扑结构特征本身包含着多角度、多层次的度量指标，这些网络中心性指标对系统重要性衡量标准各不相同。因此，有必要对多种网络中心性指标进行综合考虑分析，从而准确识别金融系统内的系统重要性个体。

（4）在金融风险溢出效应的研究方向上，现有研究更多是从上市金融机构间、金融市场间关联程度的角度来研究股市中金融风险的传染效应，但往往忽视了股市中行业板块间的金融风险传染效应。而在实际中，由于实体经济中产业间存在着投入产出及业务往来等复杂关系，股市中不同行业板块间的关联性也因此而越发紧密，且金融市场中各种"板块"和"概念"的划分与更新屡见不鲜，国内外相关政策及市场行情的动态表现都会导致部分相关行业的股票出现不同程度的波动关联效应。因此，如何有效捕捉金融市场行业间的联动及风险溢出特征、准确识别行业间的风险溢出路径以及不同行业在风险溢出中所扮演的角色，对研究金融风险溢出效应的内在机制以及有效防范系统性风险、维护我国金融市场健康稳定发展具有重大意义。

2.2 复杂网络理论

2.2.1 复杂网络的基本概念

对于现实世界中的许多大型复杂系统，我们都可以将其抽象为复杂网络来进行研究。例如复杂网络可以用来描述人际间的社交关系、金融机构之间的借贷关系、物种之间的捕食关系、城市间的通航关系、国家间的贸易关系等。复杂网络还可以作为现象的背景舞台，例如在交通网络上讨论拥堵问题带来的影响，在传染病网络中探究病毒的传播路径与免疫阈值，在科研合作网络中研究学者之间的相互影响，在证券网络中分析股票间的股价联动关系等。

网络可以通过邻接矩阵（adjacency matrix）A 的形式进行表达，如果给定的节点对 v_i 和 v_j 之间不存在相互关系，则邻接矩阵 A 中的元素 $a_{ij} = 0$，如果节点对 v_i 和 v_j 之间存在相互关系，则有 $a_{ij} = 1$，即：

$$a_{ij} = \begin{cases} 1, & (v_i, \ v_j) \in E \\ 0, & (v_i, \ v_j) \notin E \end{cases} \tag{2.1}$$

式中，邻接矩阵 A 是一个方阵，其对角线上的元素均为 0。无向网络的邻接矩阵是对称的，即存在 $(v_i, \ v_j) = (v_j, \ v_i)$，而有向网络的邻接矩阵是非对称的，即 $(v_i, \ v_j) \neq (v_j, \ v_i)$。

2.2.2 复杂网络的主要特性

复杂网络中存在的优美的拓扑结构和新奇的网络演化规律，越来越吸引着研究者们去深入探索其中的奥秘。复杂网络的主要特性包括如下四点。

（1）复杂性。复杂网络的复杂性主要体现在以下六个方面：第一，网络的组成单元数量庞大；第二，网络连接结构的复杂性；第三，节点属性的复杂性；第四，网络时空演化过程具有复杂性；第五，网络连接的稀疏程度具有复杂性；第六，网络具有多重复杂性融合的特性。

（2）小世界特性。对于一个具有庞大组成规模的复杂网络，网络中任意两个组成单元间只需通过一条较短的路径就能够建立彼此间的联系。现实中存在的电力网络、生态网络、交通网络等都是典型的小世界网络，这些小世界网络内部的信息传递速度非常快，通过少量改变网络中部分节点间的连接，就可以剧烈地改变网络的性能。

（3）无标度特性。无标度性是描述复杂网络中各节点影响力大小分布不均的一种内在性质。网络中只有极少部分核心节点对网络整体的功能运行起到绝对支撑作用，而网络中的大部分节点仅具有较小的影响力。

（4）超家族特性。Milo 等（2004）在《Science》上发表了一篇文章，该文章比较了许多网络的整体及局部拓扑结构的特性，研究发现部分不同类型的网络的特性在一定条件下呈现出相似性。

2.2.3 网络基本拓扑结构指标

在复杂网络的相关研究中，通常需要使用网络基本拓扑结构指标来描述复杂网络的总体结构特征与基本属性，主要有度和平均度、度分布、平均路径长度、聚类系数等。

2.2.3.1 度和平均度

在复杂网络中，节点 i 的度（node degree）k_i 通常是指该节点在网络中与其邻居节点的连边总数，某节点的度值越大，则说明该节点在网络中的重要性（影响力）越大。节点度值的具体计算方法如下：

$$k_i = \sum_{j=1}^{n} a_{ij}(i \neq j) \tag{2.2}$$

式中，a_{ij} 代表与节点 i 相关的各连边的权重大小。

网络中各节点的度值均值称为网络的平均度 $\overline{k}$，网络的平均度越大，则代表网络中节点间的总体关联水平越高。网络平均度的具体表达式如下：

$$\overline{k} = \frac{1}{n} \sum_{i=1}^{n} k_i \tag{2.3}$$

2.2.3.2 度分布

度分布（degree distribution）代表度值为 k 的节点在网络中的占比。如果网络中各节点的度值服从幂律分布，则具有特定节点数与特定度值间的关系可由如下的幂函数近似表示，表达式如下：

$$p(k) \propto k^{-\gamma} \tag{2.4}$$

式中，γ 是幂律指数，γ 的大小体现了网络的异质结构，γ 越小，网络中的"富人俱乐部"效应越明显；反之，网络的度分布越均匀。

2.2.3.3 平均路径长度

网络的平均路径长度 L 表示网络中所有节点间的平均最短距离，网络的平均路径长度越小，网络的信息传递效率越高。网络中所有节点之间距离的最大值称作网络直径 D。现实中的许多网络（人际社交网络、科学家合作网络等）虽然具有很多节点（个体），但是网络平均路径长度和网络直径却非常小，即表现出典型的小世界效应。对于一个由 N 个节点构成的复杂网络，网络平均路径长度 L 的计算公式为：

$$L = (\sum_{1 \le i < j \le N} d_{ij})/C_N^2 \tag{2.5}$$

2.2.3.4 集聚系数

集聚系数分为全局集聚系数与局部集聚系数。全局集聚系数是用来描述网络中小集团形态的统计量，表明网络的整体凝聚程度，而局部集聚系数 C_i（又称节点聚集系数）代表节点 v_i 与周围邻居节点的关联紧密程度。其中，网络全局集聚系数定义为网络中闭三点组的总数与连通三点组的总数之比。而节点聚集系数的定义如式（2.6）所示，其中 $C_{k_i}^2$ 为节点 v_i 与其邻接的 k_i 个邻居节点最大可能存在的连边数，E_i 为节点 v_i 与其邻接的 k_i 个邻居节点实际存在的连边数。

$$C_i = E_i/C_{k_i}^2 \tag{2.6}$$

对于一个具有 N 个节点的网络，网络的平均集聚系数 $\overline{C}$ 定义为网络中所有节点的节点集聚系数的平均值：

$$\overline{C} = \sum_{i=1}^{N} C_i \tag{2.7}$$

2.2.4 网络稳定性衡量指标

复杂网络的稳定性会受到多种因素的影响，例如网络中节点的度分布情况、网络连边的稀疏程度以及网络的规模大小等，衡量网络稳定性的常用指标主要有：网络连通性、网络全局效率、网络稳定性系数以及网络崩溃程度指标，各种指标对网络稳定性的测度方式不同，在实际分析中，通常需要参考多种网络稳定性指标，从不同的评价角度来综合分析网络稳定性情况。

2.2.4.1 网络连通性

网络连通性可以反映网络的稳健性与脆弱性，通常一个网络的连通性越大，则该网络的稳定性越好。具体来说，如果网络中任意两个节点间都存在直接或间接连接路径，且该连接路径的距离较短，则该网络具有良好的连通性。如果网络中任意 2 个节点间的沟通都需要经由网络中的某个 Hub 节点，且两点间的连接路径距离较长，则该网络的连通性较低，此时网络的稳健性较差，当 Hub 节点遭受冲击而停滞时，网络则很可能因此而全面崩溃。网络连通性（GC）可由网络的可达性来衡量，令 N 为网络节点数，Z 为网络中不可达节点对的数目，则 GC 的表达式为：

$$GC = 1 - \left[\frac{Z}{N(N-1)/2}\right], \ GC \in [0, \ 1] \tag{2.8}$$

2.2.4.2 网络全局效率

网络全局效率能够有效反映出复杂网络中所有节点对之间的总体连接效率。为度量网络的稳定性，此处引用 Costa 和 Rodrigues（2007）提出的全局效率指标，它的定义如下：

$$E = \frac{1}{N(N-1)} \sum_{i \neq j}^{N} \frac{1}{d_{ij}} \tag{2.9}$$

式中，$d_{ij} > 0$，当网络中节点 i 和节点 j 之间完全正相关时（$\rho_{ij} = 1$），则 $d_{ij} = 0$，此时不满足公式（2.9）的要求。当节点 i 和节点 j 之间完全不相关时（$\rho_{ij} = 0$），即这两个节点间不存在任何连接路径，则有 $d_{ij} = +\infty$，$1/d_{ij} = 0$。

2.2.4.3 网络稳定性系数

参照 May 等（1972）提出的方法，从复杂网络的视角，根据节点间的关联水平与网络连边的稀疏程度，选取稳定性系数 NS 来定量分析网络整体的稳定性水平：

$$NS = \sqrt{nd} \, c \tag{2.10}$$

式中，n 为网络中节点总数，d 为网络密度，c 为网络平均度。NS 越大，网络的整体稳定性水平越低。

2.2.4.4 网络崩溃程度指标

网络的鲁棒性代表网络自身的拓扑结构对外界各类破坏形式的抵抗能力，而股市行业间关联网络的鲁棒性是指股市网络遭遇政治、经济等外界因素冲击后保持自身稳定性的能力。参照 Zhang 等（2019）的方法，选取网络崩溃程度指标 G 来衡量网络的鲁棒性。当 G = 1 时，网络是完整的，当 G ≤ 0.1 时，网络被完全摧毁，网络崩溃程度指标 G 的表达式为：

$$G = n'/n \tag{2.11}$$

式中，n 为网络中的节点数，n′ 为受到攻击后移除网络中部分节点后网络最大连通子图的节点数。

2.2.5 节点系统重要性评价指标

网络中心性代表节点在网络中的"中心"程度，即用来度量节点在网络中的系统重要性。近些年，网络中心性指标（度中心性、接近度中心性等）被广泛应用于金融网络系统重要性分析中。由于各类网络中心性指标对网络中节点系统重要性的评价方向各不相同，因此在实际分析中通常需要综合多种中心性指标来综合考虑。

2.2.5.1 度中心性

复杂网络中，节点的度中心性只考虑与目标节点直接关联的节点而不考虑间接关联的节点，度中心性侧重于度量节点 v_i 对与其相邻的网络中的其他节点的直接影响能力，节点 v_i 的度中心性越大，则其对周围邻居节点的直接影响能力越大。节点 v_i 的度中心性 DC_i 的计算公式为：

$$DC_i = \frac{1}{n-1} \sum_{j=1}^{n} e_{ij} \tag{2.12}$$

式中，e_{ij} 表示网络中从节点 v_i 到节点 v_j 的连接数，n 为网络中节点的总数。

2.2.5.2 接近度中心性

复杂网络中，节点的接近度中心性侧重于度量节点 v_i 与其他节点的总体距离水平，节点 v_i 的接近度中心性越大，说明该节点到网络中（不仅仅限于与该节点邻接的节点）其他节点的距离越小，从风险传染角度，则代表该节点的全局对外风险传染速度越快。节点 v_i 的接近度中心性 CC_i 的表达式为：

$$CC_i = \frac{1}{\sum_{j=1}^{n} d_{ij}} \tag{2.13}$$

式中，d_{ij} 代表从节点 v_i 到节点 v_j 的最短距离。

2.2.5.3　Beta Reach 中心性

复杂网络中，节点的 Beta Reach 中心性侧重于度量节点 i 在网络中关联其他节点的广泛程度。节点 v_i 的 Beta Reach 中心性越大，则其能够广泛地受到网络中其他节点的影响或对其他节点产生影响，从风险传染角度，则代表该节点的对外风险传染路径越多，节点 v_i 的 Beta Reach 中心性 BRC_i 的计算公式如下：

$$BRC_i = \frac{1}{n-1} \sum_{j=1}^{n-1} \beta^{(j-1)a_{ij}}$$
(2.14)

式中，β 为常数，n 为节点总数，a_{ij} 为节点 v_i 通过 j 条边可到达网络中其他节点的数量。

2.2.5.4　Bonacich 中心性

Bonacich 中心性与其他网络中心性具有明显差别，该指标以网络整体拓扑结构为标的并充分考虑其他节点的影响而不再只关注网络的局部中心结构，并依此找到网络中心节点。复杂网络中，节点 v_i 的 Bonacich 中心性 BC_i 取决于与其直接关联的其他节点的 Bonacich 中心性，从风险传染的角度，Bonacich 中心性可用来度量节点邻近网络中的风险主要传染源的可能性大小，节点 v_i 的 Bonacich 中心性越大，则其受网络中的风险主要传染源的影响越大。节点 v_i 的 Bonacich 中心性的计算公式如下：

$$BC_i = \sum_{j=1}^{N} e_{ij}(\alpha + \beta BC_j)$$
(2.15)

式中，e_{ij} 为节点 v_i 到节点 v_j 的连边，α 和 β 为常数。

2.2.5.5　信息中心性

信息中心性通过网络中节点对之间所有可能路径中包含的信息来衡量节点的重要性。节点所携带的信息不仅包含它自己，还包括它直接联系到邻居节点的边，因此节点的信息中心性与网络效率密切相关。信息中心性侧重于度量节点 v_i 在网络中对信息传递效率的影响程度。从风险传染角度来看，节点 v_i 的信息中心性越大，则代表该节点能够导致网络中的风险在节点间更高效地传递。复杂网络中，网络 G 的网络效率为 $E(G)$，节点 v_i 的信息中心性 IC_i 被定义为因网络中节点 v_i 出现故障（即在网络中移除该节点及与该节点直接相连的所有连边）所引起的网络效率的相对下降程度，具体表达式如下：

$$IC_i = \frac{E(G) - E(G_i')}{E(G)} \tag{2.16}$$

式中，G_i' 为网络 G 中删除节点 V_i 后的子图，$E(G_i')$ 为子图 G_i' 的网络效率。

2.2.6 社团结构

2.2.6.1 社团结构的定义

有关网络社团结构的定义到目前为止出现了很多种版本，但是还没有任何一种定义得到科学界的广泛认可。目前，较为常见的有如下两种定义：

（1）第一种是根据网络中节点的相对连接密度将社团结构分为强社团结构和弱社团结构，首先，指定图论中一个图 G 的子图为 H，则强社团结构是指 H 中任何一个节点与 H 外部的节点连接的度均小于该节点与 H 内部的节点连接的度。反之，则为弱社团结构。

（2）第二种是基于网络的连通性来定义社团结构（也可称为派系）。派系代表拥有不小于 3 个节点的全连通子图。

2.2.6.2 模块性 Q 函数

模块性是对网络结构特征的一种度量，用于衡量网络划分为模块或社团的强度。在具有高水平模块性的网络中，社团（模块）内部的节点间具有紧密连接，而隶属于不同社团（模块）的节点间仅具有稀疏连接。社团结构划分优秀的标准是：社团内部连接的紧密程度大于随机连接网络的紧密程度的期望水平。在实际研究中，通常使用模块性 Q 函数来度量社团划分的模块性水平。

网络中社团内部连边所占比例可以表示成：

$$\frac{\sum_i \sum_j a_{ij} \delta(g_i, g_j)}{\sum_i \sum_j a_{ij}} = \frac{1}{2M} \sum_i \sum_j a_{ij} \delta(g_i, g_j) \tag{2.17}$$

式中，$M = 0.5 \sum_i \sum_j a_{ij}$ 为网络中边的个数；$A = (a_{ij})_{N \times N}$ 为网络的邻

接矩阵；g_i 为节点 v_i 的社团编号；δ 为 Kronecker 记号，如果节点 v_i 和 v_j 属于同一个社团，则有 $\delta(g_i, g_j) = 1$，否则就有 $\delta(g_i, g_j) = 0$。令 P = $(p_{ij})_{N \times N}$ 是概率矩阵，p_{ij} 是空模型中节点 v_i 和 v_j 之间有边相连的概率。通过引入空模型来反映社团内部连边比例的期望值，故模块性 Q 函数的表达式如下：

$$Q = \frac{1}{2M} \sum_i \sum_j (a_{ij} - p_{ij}) \delta(g_i, g_j) \tag{2.18}$$

式中，$p_{ij} = \dfrac{k_i k_j}{2M}$，其中 $k_i = \sum_i a_{ij}$ 表示所有与节点 v_i 相连的度。则式（2.18）可以进一步化简为：

$$Q = \frac{1}{2M} \sum_i \sum_j \left(a_{ij} - \frac{k_i k_j}{2M}\right) \delta(g_i, g_j) \tag{2.19}$$

式（2.19）可以进一步化简为：

$$Q = \frac{1}{2M} \left[\sum_i \sum_j a_{ij} - \frac{\sum_i k_i \sum_j k_j}{2M} \right] \delta(g_i, g_j) \tag{2.20}$$

式（2.20）可以进一步化简为：

$$Q = \frac{1}{2M} \sum_g \left[\sum_{in} - \frac{\left(\sum_{tot}\right)^2}{2M} \right] \tag{2.21}$$

式中，$\sum_{in}$ 代表社团 g 内的边的权重之和，$\sum_{tot}$ 代表与社团 g 内的节点相连的边的权重之和。Q 值越大，则说明社团结构的划分水平越高。

2.2.7 块模型

块模型是描述网络整体结构特征的一种方法，是对网络中各组成单元（或角色）的描述性代数分析。近些年，随着复杂网络理论的快速发展，块模型在多个研究领域得到了广泛的应用，例如对国际贸易及产业集群发展问题的研究、区域间经济关联及风险传染的研究等。

2.2.7.1 块模型的定义

目前，关于块模型的定义，较为常见的有如下两种方式：

（1）从描述性分析的角度，块模型具有两种关键的组成元素：①第一种是由网络中部分组成单元（或角色）相互聚集而组成的"位置"（也可称为"块"）。②第二种是各"位置"间的关系，即各位置间的关联情况。

（2）从形式化分析的角度，块模型将网络中的各组成单元（或角色）分区成为各个位置（块），并存在与之相对应的法则φ，该法则将网络中各组成单元划分到各个位置（块）之中。

总之，一个块模型就是对一元关系或多元关系复杂网络的一种简化表示，它代表的是该网络的总体结构。块模型是一种针对位置层次的研究，而不是个体层次研究。

2.2.7.2 块模型的构建

块模型的构建主要有以下两个步骤：第一，对复杂网络中各组成部分进行分区，即将各组成部分划分至不同的位置。第二，根据某些标准确定各个块的取值，本章选取的划分标准为最常用的α-密度指标法，其中α是临界密度值，通常以网络的平均密度值来表示。

2.2.7.3 对结果的解释

对块模型的分析结果，首先要对各位置进行描述性分析，其次具体识别不同位置之间的信息传输方式，最后判定各位置在网络中具体扮演的角色。在实际应用中，通过该方法一方面可以考察网络中风险传染的具体路径，另一方面还能有效识别网络中各组成部分在风险传染中扮演的具体角色。

Burt对位置特征进行了分类研究，主要有四种类型：（1）双向溢出板块，其成员与外界没有任何联系。（2）净溢出板块，净溢出板块与净受益板块相反，所有的关联关系主要产生于板块外部，板块内部的关联关系较少，因而对其他板块产生溢出效应。（3）经纪人板块，其成员既发送也接收外部的关系，但是内部成员之间的联系较少。（4）净受益板块，指溢出关系主要存在于板块内部，而外部的关系数很少。在极端情况下，风险波动溢出效应只存在于板块内部，而不与板块外部产生联系。按照位置内部的关系情况，块模型结果分析中，四种位置类型的划分标准见表2-1。

表2-1 位置的类型划分标准

位置内部的关系比例	位置接收到的关系比例	
	≈ 0	> 0
$\geq (g_k - 1)/(g - 1)$	双向溢出位置	主受益位置
$< (g_k - 1)/(g - 1)$	主溢出位置	经纪人位置

注释：假设网络中共有 g 个成员，其中位置 B_K 内有 g_K 个成员，则在 B_K 内部中所有可能的关系数为 $g_k(g_k - 1)$。在不局限于 B_K 内部的条件下，B_K 中各成员的所有可能的关系有 $g_k(g - 1)$。因此，位置内部的关系比例为 $g_k(g_k - 1)/g_k(g - 1) = (g_k - 1)/(g - 1)$。

第3章 基于MST算法的股市行业网络拓扑结构特征研究

3.1 问题提出

近些年，频繁发生的国际极端金融事件均对我国股票市场造成了重大影响，股市中的潜在风险给投资者和监管部门带来极大困扰。在此背景下，传统计量分析方法很难有效分析并解决股市中存在的诸多问题。其主要原因在于它没有重点关注各金融市场之间、各实体经济之间以及金融市场和实体经济之间出于业务、风险管理等目的而产生的错综复杂的关联性，以及由此形成的金融复杂网络。

随着复杂网络理论在金融领域的快速发展，近年来学者们开始运用复杂网络理论，通过网络度分布、网络密度、网络中心性、社团结构等网络拓扑结构特征来分析金融市场关联聚集特性、系统性金融风险测度、金融风险传染以及金融市场稳定性等一系列重要问题。例如，Lee等（2012）以韩国综合股价指数中的50只股票为研究对象构建了相应的与股价波动关联的动态复杂网络，发现市场波动强弱与网络密度及股票间价格波动关联的关系。Li等（2007）以中国香港股票市场的恒生指数为研究对象构建了一种加权证券指数网络，通过相应的网络拓扑指标来研究恒生指数的波动特点，得出中国香港证券市场相对随机网络系统来说是一个非常稳定的金融市场。张来军等（2014）分别构造了以收益率、成交量、市盈率为关联依据的股市网络结构，并通过多种网络拓扑结构指标来分析三种不同网络的结构特征。研究表明，收益率和成交量间具有高度关联性，且对应的股市网络具有典型的小世界特性。李延双等（2020）以2008年和2015年国内两次股灾为背景，分别构建股灾前、中、后的中国股市网络社团结构。基于网络中心性指标分析各时期网络社团内核心股票、行业、股票组合及其变化。结果表明，股市网络中存在三种具有特殊组成的社团结构，且部分社团间在股指极端波动时期出现了相互融合的趋势。

综上所述，现有研究主要基于金融网络拓扑结构、节点拓扑指标以及网络社团结构等网络特性的变化来分析金融市场的关联性、聚集性以及金融风险传染机制等问题，并取得了较好的效果。但是，现有研究仍忽略了如下两点问题：（1）现有研究通常基于个股构建股票间关联网络，而较少有研究者基于行业间关联网络来研究行业网络的拓扑结构特征、行业间的关联聚集性等问题。（2）在应用社团结构分析股市方面，现有研究主要集中于研究股市社团结构的划分方式，很少有文献从社团结构的特性及变化的角度研究国内外极端金融事件对股市中各行业集聚特性的影响。

在此背景下，本章选取中国股市中24个行业板块（数据来源于Wind二级行业指数）作为研究对象，基于MST算法、Louvain算法、度分布、网络中心性、平均路径长度等复杂网络理论，分别从网络基本结构、网络社团结构划分等多种角度研究中国股市行业间关联网络的拓扑结构特征，具体研究内容包括中国股市行业间MST网络的构建、网络基本拓扑指标的动态分析、社团结构的划分（行业聚集板块的划分）及动态演变特征等。同时，本章还分析了近些年的国内外极端金融事件对中国股市各行业间MST网络的基本拓扑结构特征及社团结构划分情况的影响。

本章在以下几个方面做出贡献：（1）本章以中国股市中24个行业指数为研究对象，选取2011—2020年的数据为研究样本，基于滑动窗口法与MST算法构建中国股市行业间的动态MST网络，探究行业间MST网络基本拓扑结构的动态演变情况，并分析国内外极端金融事件对行业间MST网络基本拓扑结构的影响。（2）基于Louvain算法对上述中国股市行业间动态MST网络进行社团结构划分，通过度中心性指标分析各时期网络中社团结构内部的核心行业、行业组合及其动态变化情况，挖掘中国股市中行业间的关联聚集特性，并分析国内外极端金融事件对行业间MST网络社团结构的影响。

通过分析股市行业间MST网络的基本拓扑结构指标与社团结构在不同时期（尤其是国内外极端金融事件）的动态演变特征，一方面可以了解股市整体及行业个体的特性；另一方面，通过对比不同时期网络拓扑指标的变化情况可以反映出股市在不同时间段的各种变化趋势，同时可以很好地对股市未来的演化做出合理预测。在股市处于国内外极端金融事件发生的时期，根据股市整体及行业个体的历史表现特性，可为市场投资者进行合理的投资组合及风险规避提供有效建议，同时有助于金融监管部门做出有针对性的金融风险防范与免疫措施，从而有效控制金融风险并维护我国股票市场的稳定发展。

3.2 数据选取与模型构建

3.2.1 数据选取

本章的研究样本为中国股票市场中24个行业指数（详细行业名称、节点标号及缩写见附表A-1），样本数据来源于Wind二级行业指数。样本期间为2011年1月4日至2020年12月31日，数据频率为日频。行业指数的收益率序列由公式 $R_{i,t} = \ln(P_{i,t}) - \ln(P_{i,t-1})$ 计算所得，其中 $R_{i,t}$ 为行业指数 i 在第 t 日的对数收益率，$P_{i,t}$ 为行业指数 i 在第 t 日的收盘价。选取的研究样本期间覆盖了我国股市近些年历经的不同类型的重大波动行情，在研究金融系统性风险的溢出效应时具有良好的代表性。

3.2.2 最小生成树模型

3.2.2.1 最小生成树的定义

对任意一个由 N 个节点所构成的带权连通图 G，如果存在某个子图 G′（内部不形成回路），其包含了图 G 中的所有节点和部分连边，并且各边权值之和具有最小值，则称 G′为图 G 的最小生成树。

3.2.2.2 Prim 算法

现实中的许多问题都可以归结为最小生成树问题。例如某建筑施工单位准备承建连接 n 个城市的高速公路修建工程，已知城市 i 和城市 j(0 < i < j ≤ n)之间的高速公路造价为 C_{ij}，应该如何设计公路建设线路图才能使工程总造价最低的问题。

基于 Prim 算法构建最小生成树的流程为：给定连通赋权图 G = (V，E，W)，其中 V 为节点集，E 为边集，W 为邻接矩阵。此外，给出节点集 P 和边集 Q，其中 P 的初始状态为 P = {v_1}，Q 的初始状态为 Q = ∅。Prim 算法的思想是：从所有 p ∈ P，v ∈ V（p 和 v 均为节点）的边中，选取具有最小权重值的边 pv，将顶点 v 加入集合 P 中，将边 pv 加入 Q 中，如此循环往复，直到集合 P 和集合 V 完全相同为止。

3.2.3 股市行业间MST网络的构建方法

中国股市行业间关联网络 G(V，E)中，V = {v_1，v_2，...，v_i}代表各行业板块构成的顶点集合，E = {e_{12}，e_{23}，...，e_{ij}}代表行业间价格关联关系的边集合，假设 $R_i(t)$ 为行业指数 i（i=1，2，…，N）在第 t（t=1，2，…，T）日的指数收益率，$P_i(t)$、$P_i(t-1)$ 为行业指数 i 在第 t 日、t-1 日的数值。则第 i 个行业指数的对数收益率为：

$$R_i(t) = l_n(P_i(t)) - l_n(P_i(t-1)) \tag{3.1}$$

任意 2 个行业指数 i、j 间的 Pearson 相关系数为：

$$\rho_{ij} = (E(R_iR_j) - E(R_i)E(R_j))/\sqrt{(E(R_i^2) - E(R_i)^2)(E(R_j^2) - E(R_j)^2)} \tag{3.2}$$

其中，$\rho_{ij} \in [-1, 1]$。由于相关系数矩阵(ρ_{ij})不满足度量空间的基本条件，需将ρ_{ij}转化为满足度量空间基本条件的距离矩阵(d_{ij})，转换公式为$d_{ij} = \sqrt{2(1 - \rho_{ij})}$，其中，$d_{ij} \in [0, 2]$。基于距离矩阵$(d_{ij})$可构建全连接网络。全连接网络中存在大量的冗余边（即这些边代表其对应的行业间的关联性较弱），为准确识别股市中行业间较强的关联效应，本章选取最小生成树算法来过滤全连接网络中的冗余边，由MST算法的原理可知，最小生成树是一个通过N-1条边来连接N个节点的无环图，同时满足这N-1条边的距离之和最小。本书借鉴了Prim算法将N×N阶的相关系数矩阵(ρ_{ij})转换为相应的N×N阶的度量距离矩阵(d_{ij})，从而得到中国股市行业间MST网络。

3.2.4 Louvain社团结构发现模型

Louvain算法是一种针对无向图（网络）的社团发现算法，对于节点数较多而边数较少的图（网络）进行聚类效果特别明显。中国股市行业间MST网络恰好是具有节点多而边数少属性的网络，因此本章选择Louvain算法对该网络进行社团结构划分。

所有的社团结构发现算法的目标都是将网络的模块性函数值Q最大化。Louvain社团结构发现算法的执行过程可以描述如下：

步骤1：将网络中的每个节点都看成是一个独立的社团。

步骤2：依次将节点i分配至其邻居节点j的所在社团，计算分配前、后的模块函数值的变化ΔQ，并记录与最大的ΔQ值所对应的节点j，如果$Max\Delta Q > 0$，则将节点i分配至节点j所在的社团，否则保持不变。

步骤3：重复步骤2，直到所有节点的所属社团不再变化。

步骤4：将同一社团内的所有节点压缩成一个新节点，将社团内节点间边的权重转化为新节点的环的权重，并将社团间的边权重转化为新节点间的边权重。

步骤5：重复步骤1，直到整个网络的模块函数值不再发生变化为止。

从流程来看，该算法能够产生层次性的社团结构，其中计算耗时较多的是最底一层的社团结构划分，节点按社团压缩后，边和节点的数目会严重减少，节点 i 被分配到其邻居节点 j 时的模块性函数值的变化只与节点 i 和 j 的社团有关，而与其他的社团无关，此时的计算速度很快。Vincent 等把节点 i 分配到邻居节点 j 所在的社团 c 时模块性函数值的增益情况定义为：

$$\Delta Q = \left[\frac{\sum_{in} + k_{i,\,in}}{2M} - \left(\frac{\sum_{tot} + k_i}{2M} \right)^2 \right] - \left[\frac{\sum_{in}}{2M} - \left(\frac{\sum_{tot}}{2M} \right)^2 - \left(\frac{k_i}{2M} \right)^2 \right] \tag{3.3}$$

公式（3.3）可以进一步简化为：

$$\Delta Q = \left[\frac{k_{i,\,in}}{2M} - \left(\frac{\sum_{tot} k_i}{2M} \right) \right] = \frac{1}{2M} \left(k_{i,\,in} - \frac{\sum_{tot} k_i}{M} \right) \tag{3.4}$$

式中，M 为网络中边的总数，k_i 表示所有与节点 i 相连的度值数，$k_{i,\,in}$ 是社团内节点与节点 i 的边权重之和，$\sum_{in}$ 代表社团内部边权重之和，$\sum_{tot}$ 代表与社团内的节点相连的边的权重之和。

3.3 股市行业间 MST 网络基本拓扑结构分析

3.3.1 静态股市行业间 MST 网络

首先，从静态角度分析全样本期间（2010—2020 年）中国股市中 24 个行业之间的股价收益率相关网络（全连接网络），并基于 MST 算法过滤掉全连接网络中的部分冗余连边，从而得到静态的中国股市行业间 MST 网络（如图 3-1 所示）。其中，节点的大小代表各节点在网络中的度，即各节点在网络中的影响力大小。

可以发现：（1）从各行业在股市中的影响力（重要性）的角度，只有资本货物（节点 3）、耐用消费品与服装（节点 7）、技术硬件与设备（节点 21）、制药、生物科技与生命科学（节点 15）这四个行业在股市中具有重要影响力（因为这些行业对应的节点具有较大的度值），而食品、饮料与烟草（节点 12）、家庭与个人用品（节点 13）、医疗保健设备与服务（节点 14）等行业在股市中只具有较小影响力（因为这些行业对应的节点具有较小的度值)。(2)从各节点在网络中的位置分布的角度,可以发现,中国股市行业间的PMFG网络呈现明显的"核心-边缘"结构,具有重要影响力的行业(例如资本货物行业)在网络中处于核心位置,而影响力较小的行业(例如家庭与个人用品行业)处于网络中的边缘位置。(3)从行业间关联特征的角度,由于MST算法过滤掉了全连接网络中关联性较弱的连边,MST网络中保留的所有连边都具有较强的关联性,因此可以发现在实体经济中存在生产、研发、供销、借贷、质押等关系的行业间在MST网络中具有较强的关联性,例如银行和保险(节点16与节点18),多元金融和保险(节点17与节点18),医疗保健设备与服务和制药、生物科技与生命科学(节点14与节点15)、软件与服务和技术硬件与设备(节点20和节点21)、技术硬件与设备和半导体与半导体生产设备(节点21与节点22)等。

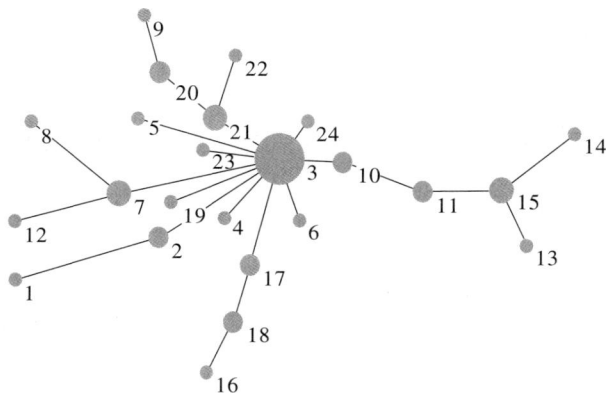

图 3-1　静态的中国股市行业间 MST 网络

3.3.2　动态股市行业间 MST 网络

为揭示中国股市行业间关联网络拓扑结构的动态演变情况,采取动态滑动窗口分析法,将2011年至2020年间各年度作为滑动窗口的时间跨度,共构建10个股市行业间MST网络(如图3-2所示,图中各网络中的节点标号所代表的具体行业详见附表A-1),基于上述动态股市行业间MST网络求解各阶段对应的网络拓扑指标。

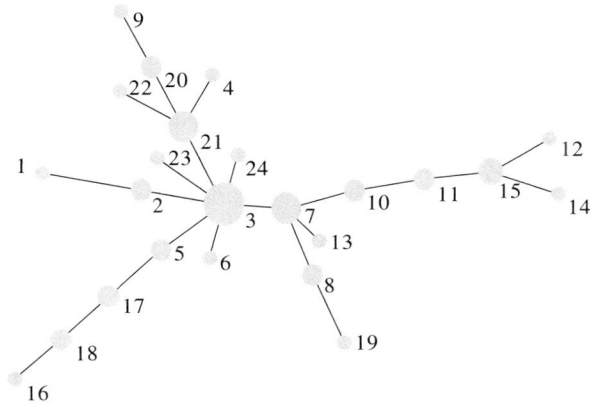

（a）2011 年的 MST 网络

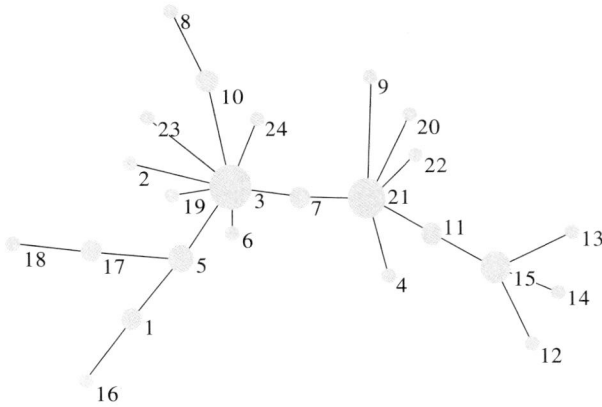

（b）2012 年的 MST 网络

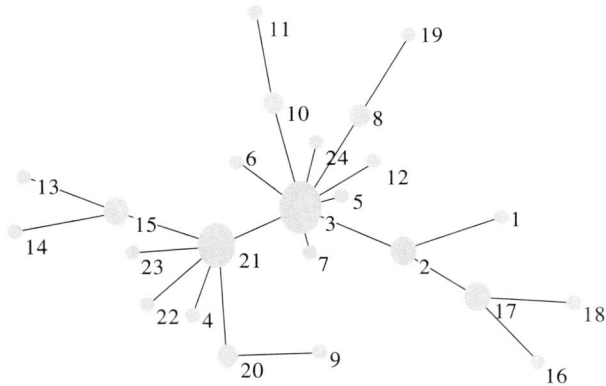

（c）2013 年的 MST 网络

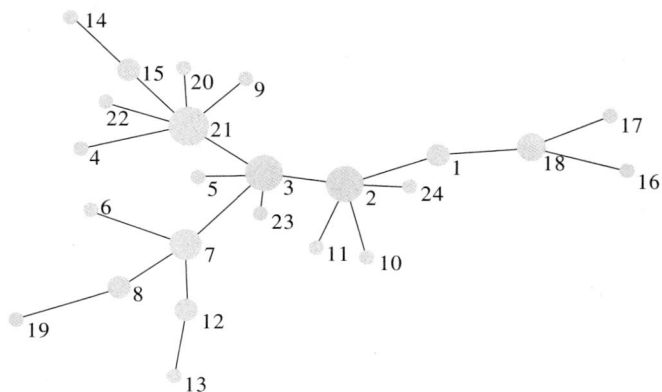

（d）2014年的MST网络

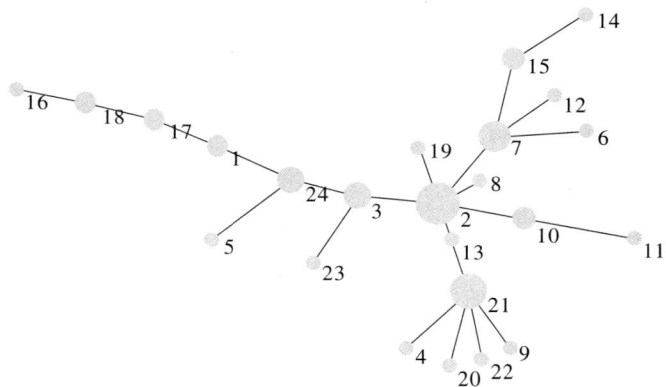

（e）2015年的MST网络

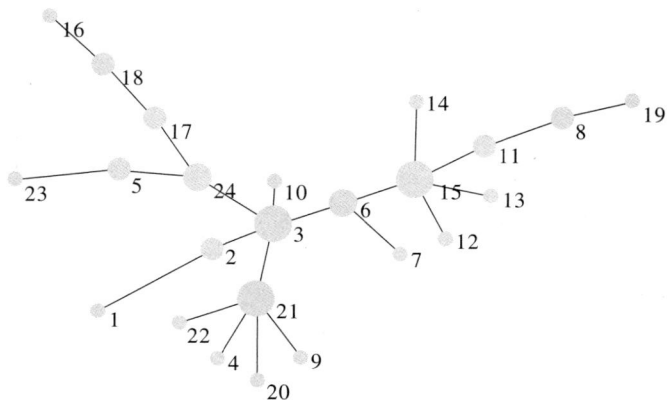

（f）2016年的MST网络

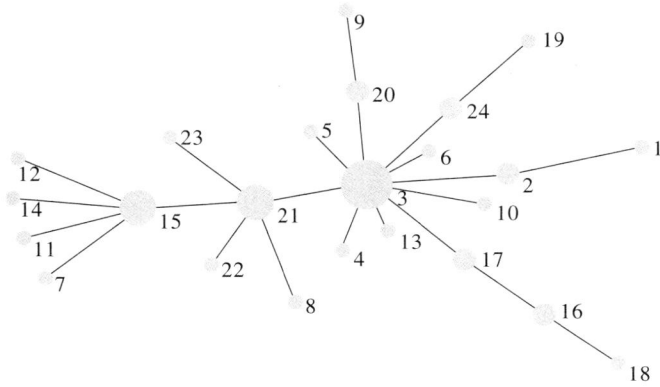

（g）2017 年的 MST 网络

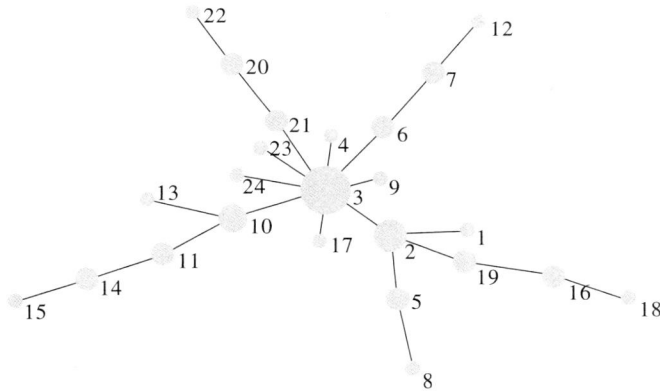

（h）2018 年的 MST 网络

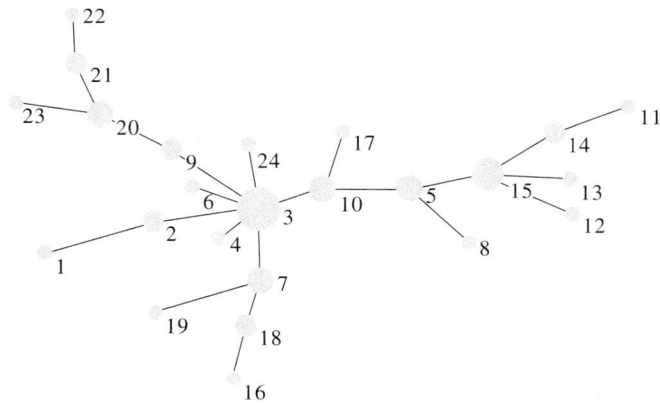

（i）2019 年的 MST 网络

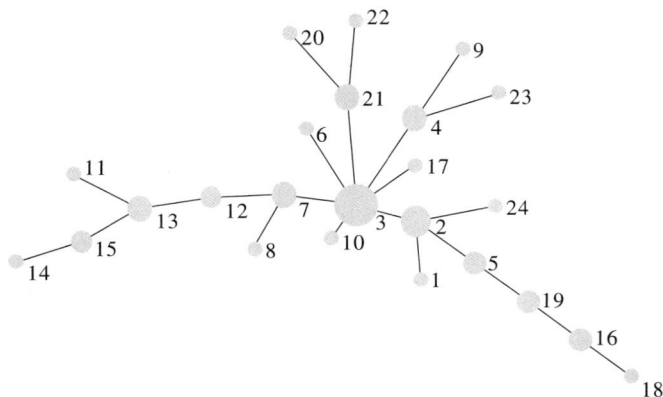

（j）2020年的MST网络

图3-2　动态的中国股市行业间MST网络

可以发现：（1）从各行业在股市中的影响力（重要性）的角度，在同一时间点，各行业的影响力具有明显差异，只有少部分行业在股市中具有重要影响力，绝大部分行业在股市中的影响力较小，该结论与静态网络中的分析结果一致；随着时间的变化，同一行业在股市中的影响力在不同时段具有明显的差异，即各行业在股市中的影响力具有显著的时变演化特征。（2）从各节点在网络中的位置分布的角度，动态的股市行业间的MST网络均呈现出明显的"核心-边缘"结构，具有重要影响力的行业在网络中处于核心位置，而影响力较小的行业处于网络中的边缘位置。（3）从行业间关联特征的角度，节点间的连边情况在不同时段内具有显著变化，说明行业间的关联性强弱具有明显时变演化特征。

3.3.3　度和度分布

为检验股市行业MST网络是否具有"无标度特性"，对3.3.2节的10个股市行业网络分别进行度分布求解，各阶段网络对应的度分布结果如图3-3所示。

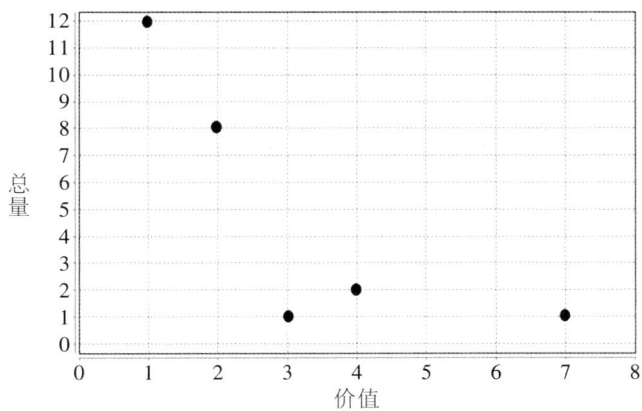

（a）2011年的度分布

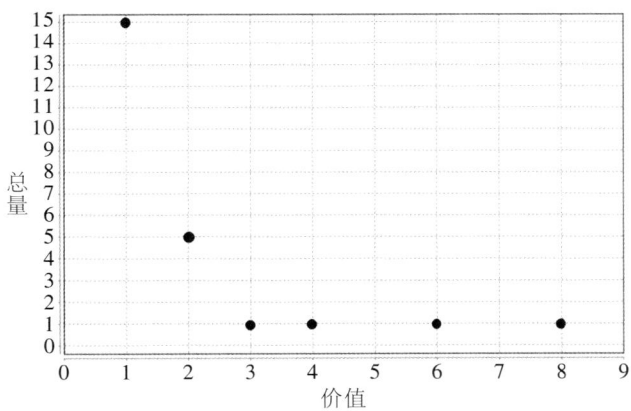

（b）2012年的度分布

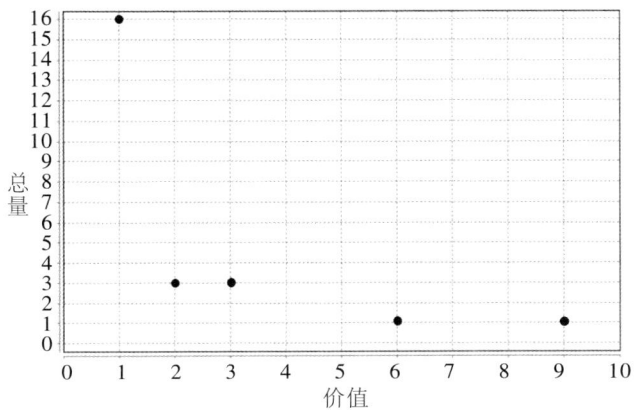

（c）2013年的度分布

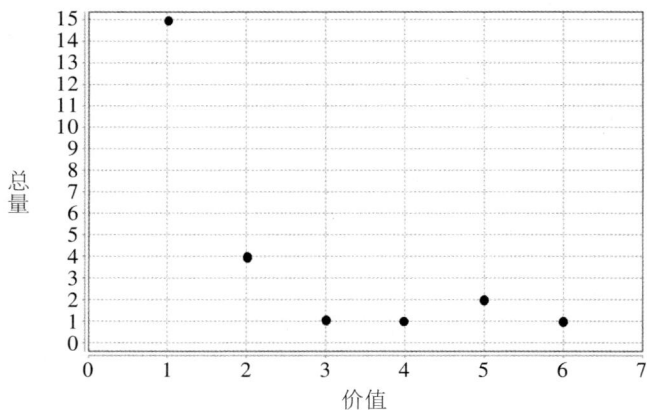

（d）2014 年的度分布

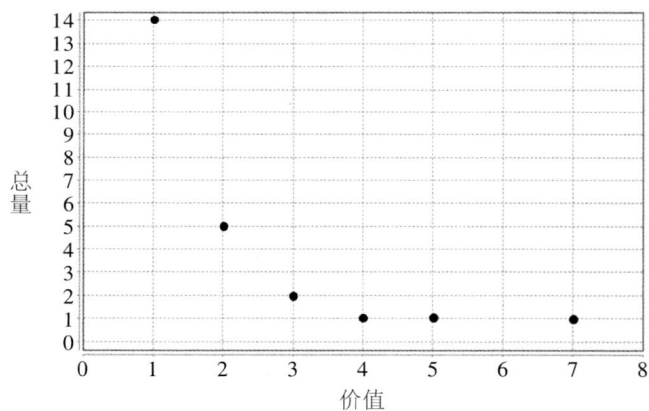

（e）2015 年的度分布

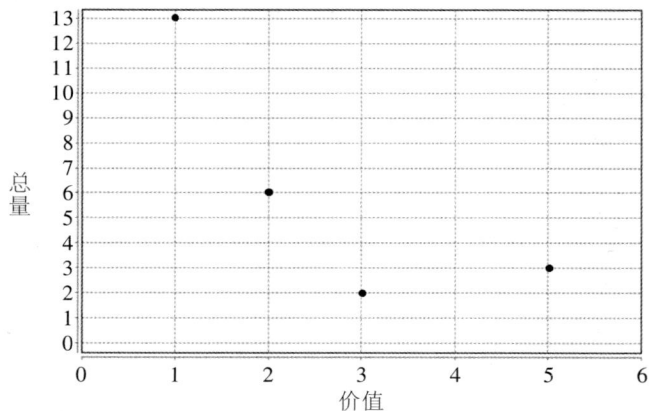

（f）2016 年的度分布

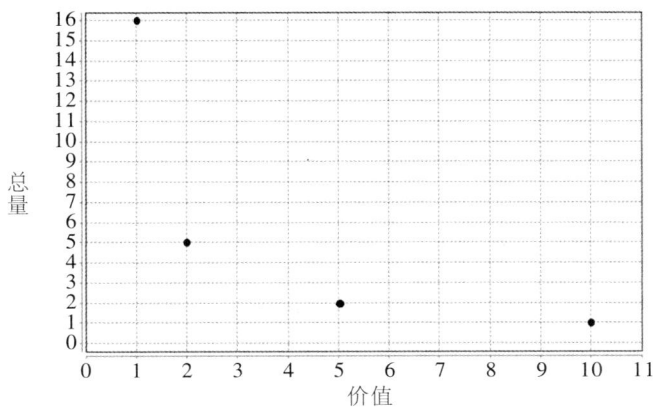

（g）2017年的度分布

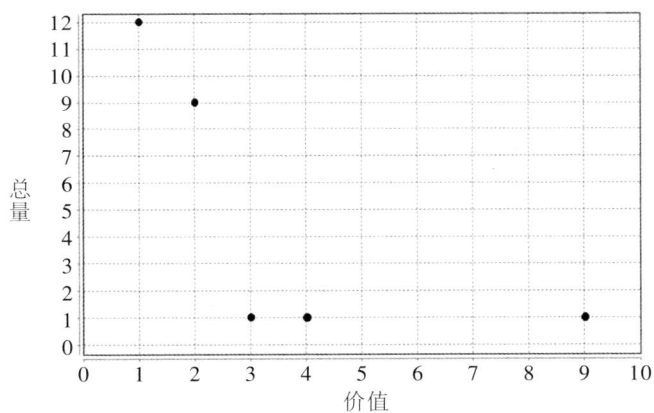

（h）2018年的度分布

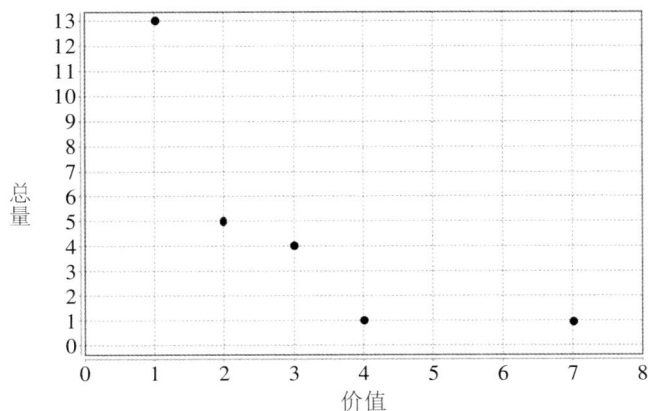

（i）2019年的度分布

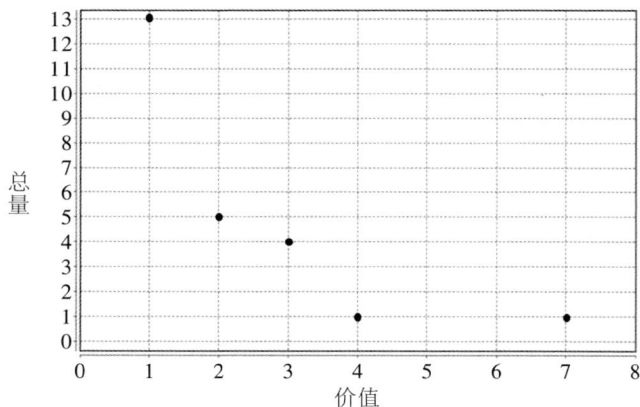

（j）2020年的度分布

图3-3　中国股市行业间MST网络的度分布

　　这里，本章以2011年与2015年的度分布结果为例进行详细说明：（1）根据2011年的网络度分布结果（如图3-3（a）所示）可知，网络中各节点的度值大小共有5种，分别是1、2、3、4、7。其中度值为1的节点共有12个，在网络中占有最大的比例。度值为7的节点共有1个，在网络中占有最小的比例。而度值为2、3、4的节点个数分别为8、1、2。说明只有少部分节点（度值为7、4、3的节点）在股市行业网络中具有重要影响力，大部分节点（度值为1和2的节点）在股市行业网络中只具有较小影响力。根据节点的度值频数分布情况，通过最小二乘法得到节点的度分布曲线，度分布曲线的函数表达式为$P(k) = 12.57k^{-1.361}$，从而可知2011年的股市行业间MST网络的度分布符合幂律分布的形式，因此可知2011年的中国股市行业间MST网络是无标度网络。（2）根据2015年的网络度分布结果（如图3-3（e）所示）可知，网络中各节点的度值大小共有6种，分别是1、2、3、4、5、7。其中度值为1的节点共有14个，在网络中占有最大的比例。度值为7的节点共有1个，在网络中占有最小的比例。而度值为2、3、4、5的节点个数分别为5、2、1、1。说明只有少部分节点（度值为7、5、4、3的节点）在股市行业网络中具有重要影响力，大部分节点（度值为1和2的节点）在股市行业网络中只具有较小影响力。根据节点的度值频数分布情况，通过最小二乘法，可得到拟合曲线的函数表达式为 P(k) = 14.08k$^{-1.668}$，从而可知 2015 年的股市行业间 MST 网络的度分布符合幂律分布的形式，因此可知 2015 年的中国股市行业间 MST 网络是无标度网络。经检验，其他 8 年的股市行业间 MST 网络的度分布也均符合幂律分布的形式，具体检验过程不再赘述。

综上所述，中国股市行业间 MST 网络具有显著的"无标度特性"，是典型的无标度网络。

3.3.4　平均相关系数和平均路径长度

2011—2020 年各网络的平均相关系数及平均路径长度的动态演变情况见表 3-1。从平均相关系数的角度，当股市处于平稳运行阶段时（2011 年、2012 年、2014 年、2016 年、2017 年、2019 年），股市行业间 MST 网络的平均相关系数较小（平均相关系数分别为 0.698、0.654、0.623、0.728、0.520、0.654），即股市中各行业板块之间的相互关联性相对较弱；当股市受到国内外极端金融事件的影响时，股市行业间 MST 网络的平均相关系数相对平稳时期具有大幅度的上升（平均相关系数分别为 0.729、0.846、0.814、0.773），其中，网络的平均相关系数在 2015 年时达到样本期间内的峰值（0.846）。从平均路径长度的角度，在中国股市行业间 MST 网络中，平均路径长度这一拓扑指标代表的经济含义是各行业间的相互关联强弱，平均路径长度越大，则代表股市中的任意 2 个行业板块之间相互关联情况越弱，同理，平均路径长度越小，则代表股市中的任意 2 个行业板块之间的相互关联情况越强。当股市处于平稳运行阶段时（2011 年、2012 年、2014 年、2016 年、2017 年、2019 年），股市行业间 MST 网络的平均路径长度相对较大（平均路径长度分别为 3.851、3.732、3.533、3.833、3.433、3.909），即股市中各行业板块之间的相互关联性相对较弱；当股市处于高频波动期时，股市行业间 MST 网络的平均路径长度相对较小（平均路径长度分别为 3.101、2.977、3.086、3.073），各行业板块之间的相互关联情况明显加强。其中，网络的平均路径长度在 2015 年时达到样本期间内的谷值（2.977）。

表3-1　　　　　　平均相关系数及平均路径长度的动态演变

网络	平均相关系数	平均路径长度
N2011	0.698	3.851
N2012	0.654	3.732
N2013	0.729	3.101
N2014	0.623	3.533
N2015	0.846	2.977
N2016	0.728	3.833
N2017	0.520	3.433
N2018	0.814	3.086
N2019	0.654	3.909
N2020	0.773	3.073

　　注释：表3-1中N2011代表2011年的中国股市行业间MST网络，N2012、N2013等其他网络依此类推。

　　综合平均相关系数和平均路径长度这两个拓扑指标，可得出如下结论：

　　（1）中国股市行业间MST网络的平均路径长度介于2.5到4.0之间，说明中国股市行业间MST网络具有显著的"小世界性"，是典型的小世界网络。由于股市行业间MST网络具有小世界性，所以该网络中各节点之间可以迅速地建立股价联动关系，说明金融风险可以在股市中各行业板块之间通过股价的波动联动关系进行快速传播，同时也解释了为什么当股指极端波动时中国股市中各行业板块均会快速遭受大范围的影响。

　　（2）中国股市中各行业间的相互关联性在国内外极端金融事件发生期间相对较强，在股指极端波动时期金融风险在各行业之间传播速度明显加快，同时也说明当金融风险来临时，各行业之间联系会加强，以尽可能抵抗和减少风险带来的影响；同时也说明，在样本期间内发生的所有国内外极端金融事件中，2015年的股灾事件对中国股市整体的影响最为严重。

3.4 股市行业间MST网络的社团结构分析

本节基于Louvain算法对3.3.2节中所构建的动态股市行业间MST网络进行社团结构划分，通过网络模块度指标、社团的总数、社团内的行业组成以及社团内的核心行业等角度，分析中国股市中各行业板块的关联特征与聚集特性的动态变化情况。

3.4.1 网络社团结构划分

2011—2020年各网络对应的社团结构划分情况如图3-4所示（图中各网络中的节点标号所代表的具体行业详见附表A-1），图中用颜色深浅不同的节点组成情况代表不同的社团结构，此外，基于Louvain算法的各网络的社团划分统计结果见表3-2。其中，网络模块度是一种用来衡量网络社团结构强度的方法，即用来判断股市中各行业间聚集性的强度。最优社团数目则用来衡量网络中个体间的聚集分散程度，即用来判断股市中共各行业间的"成团"情况的分散程度。可以发现：（1）网络模块度Q值具有明显的时变特征，当股市处于平稳运行阶段时（2011年、2012年、2014年、2016年、2017年、2019年），网络的模块度Q值相对较小（Q值分别为0.616、0.604、0.612、0.612、0.592、0.595），即股市中各行业板块之间的聚集性程度较弱；当股市受到国内外极端金融事件的影响时，网络的模块度Q值相对平稳时期具有大幅度的上升（Q值分别为0.624、0.738、0.719、0.633），说明极端金融事件的外来冲击会促使股市中各行业板块之间的聚集性程度显著加强。（2）网络最优社团数目同样具有明显的时变特征，当股市处于平稳运行阶段时，网络的最优社团数目相对较小（大部分为5），即股市中各行业板块之间的"成团"情况较为分散化；当股市受到国内外极端金融事件的影响时，网络的最优社团数目相对较小（大部分为4或3），即股市中各行业板块之间的"成团"情况在股指极端波动时期较为集中化。

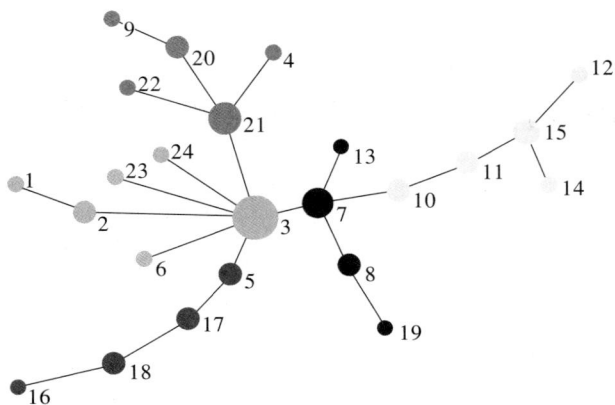

（a）2011年的社团结构

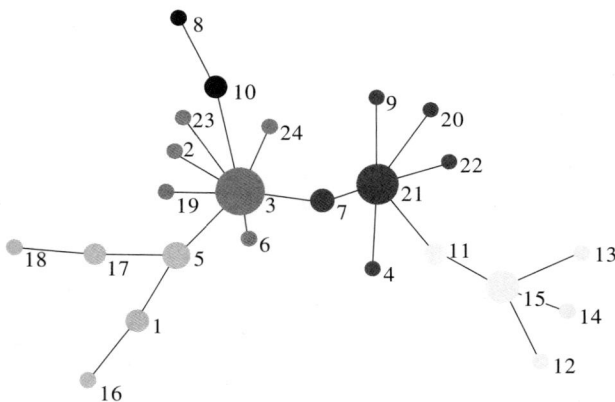

（b）2012年的社团结构

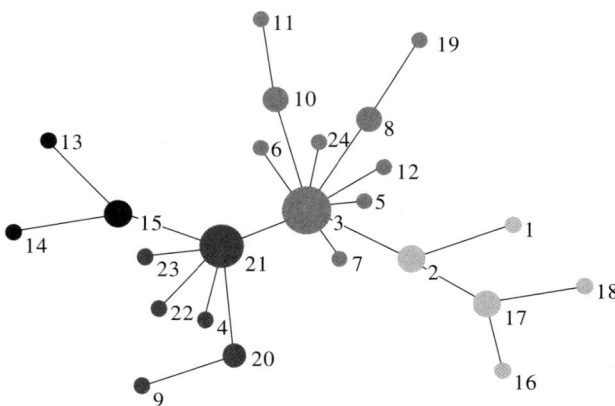

（c）2013年的社团结构

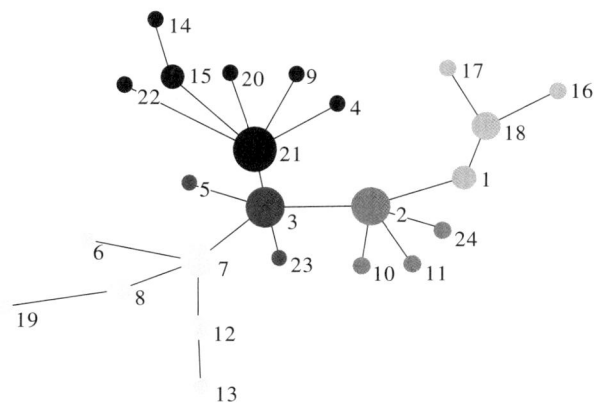

（d）2014年的社团结构

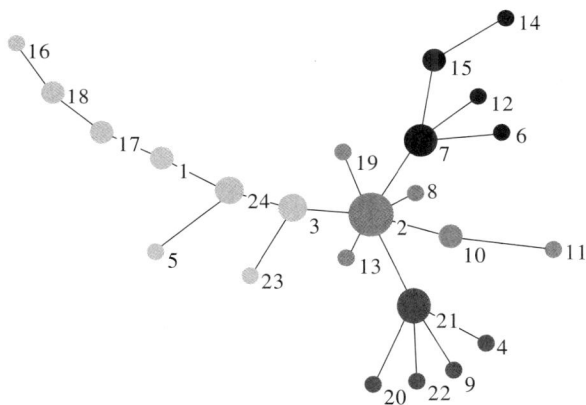

（e）2015年的社团结构

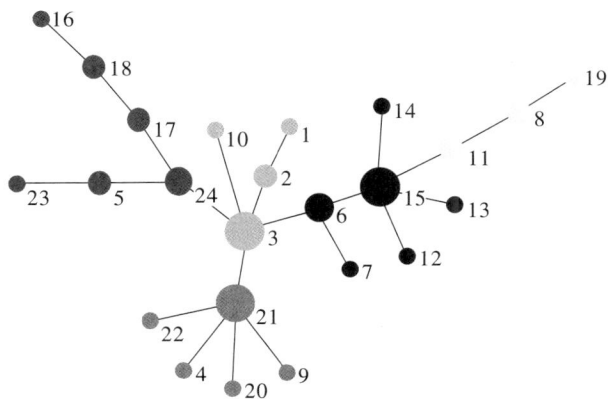

（f）2016年的社团结构

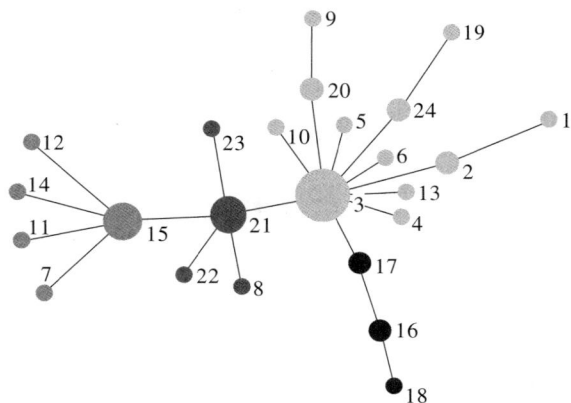

（g）2017年的社团结构

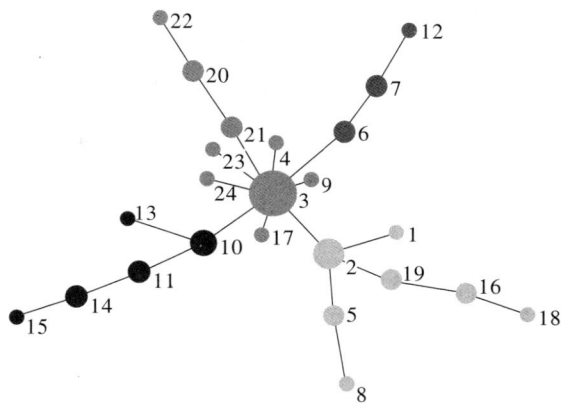

（h）2018年的社团结构

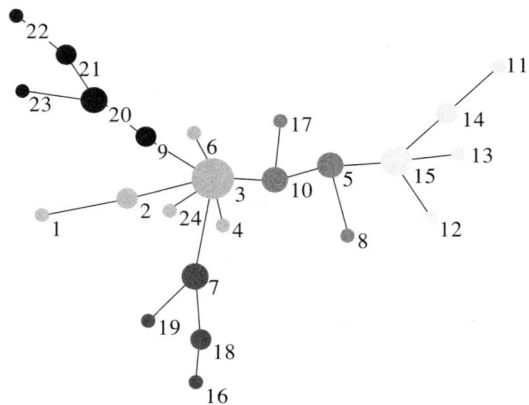

（i）2019年的社团结构

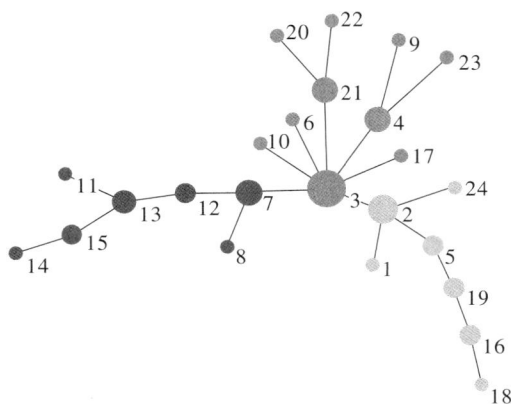

（j）2020年的社团结构

图3-4　各时期的网络社团结构

表3-2　　　　　　　　　　**社团结构的划分结果**

网络	模块度（Q值）	最优社团数目
N2011	0.616	5
N2012	0.604	5
N2013	0.624	4
N2014	0.612	5
N2015	0.738	4
N2016	0.612	5
N2017	0.592	4
N2018	0.719	4
N2019	0.595	5
N2020	0.633	3

3.4.2　网络社团结构的内部组成

　　各阶段的中国股市网络的社团内部组成情况见附表A-2，本章仅以2011年与2015年为例进行详细说明。根据2011年的网络社团结构划分结果（见表3-3），2011年的股市网络共包括5个社团，其中社团1共包括6个行业，分别为能源、材料、资本货物、汽车与汽车零部件、电信服务、公用事业。社团2共包含5个行业，分别为商业和专业服务、媒体、软件与服务、技术硬件与设备、半导体与半导体生产设备。社团3共包含4个行业，分别为耐用消费品与服装、消费者服务、家庭与个人用品、房地产。社团4共包含4个行业，分别为运输、银行、多元金融、保险。社团5共包含5个行业，分别为零售业，食品与主要用品零售，食品、饮料与烟草，医疗保健设备与服务，制药、生物科技与生命科学。

表3-3　　　　　　　　**网络社团结构的内部组成（2011年）**

网络	社团编号	社团内部主要成员
N2011	社团1	能源、材料、资本货物、汽车与汽车零部件、电信服务、公用事业
	社团2	商业和专业服务、媒体、软件与服务、技术硬件与设备、半导体与半导体生产设备
	社团3	耐用消费品与服装、消费者服务、家庭与个人用品、房地产
	社团4	运输、银行、多元金融、保险
	社团5	零售业，食品与主要用品零售，食品、饮料与烟草，医疗保健设备与服务，制药、生物科技与生命科学

根据2015年的网络社团结构划分结果（见表3-4），2015年的股市网络共包括4个社团，其中社团1共包括5个行业，分别为汽车与汽车零部件，耐用消费品与服装，食品、饮料与烟草，医疗保健设备与服务，制药、生物科技与生命科学。社团2共包含5个行业，分别为商业和专业服务、媒体、软件与服务、技术硬件与设备、半导体与半导体生产设备。社团3共包含6个行业，分别为材料、消费者服务、零售业、食品与主要用品零售、家庭与个人用品、房地产。社团4共包含8个行业，分别为能源、资本货物、运输、银行、多元金融、保险、电信服务、公用事业。

表3-4　　　　　　　　网络社团结构的内部组成（2015年）

网络	社团编号	社团内部主要成员
N2015	社团1	汽车与汽车零部件，耐用消费品与服装，食品、饮料与烟草，医疗保健设备与服务，制药、生物科技与生命科学
	社团2	商业和专业服务、媒体、软件与服务、技术硬件与设备、半导体与半导体生产设备
	社团3	材料、消费者服务、零售业、食品与主要用品零售、家庭与个人用品、房地产
	社团4	能源、资本货物、运输、银行、多元金融、保险、电信服务、公用事业

　　由于2011年和2015年分别代表股市处于平稳期和极端波动期，通过对比这两个阶段的网络社团结构的组成情况，可以发现如下结论：（1）首先，与2011年相比，2015年的网络社团总数有所减少，各行业的聚集情况变得更加集中，社团间出现了相互融合的情况（N2011中的社团1和社团4中的主要成员融合为N2015中的社团4）；（2）部分行业在不同时期均被分配在同一社团中，即部分行业组合在不同时期均保持稳定，具体包括：①运输、银行、多元金融、保险。②软件与服务、技术硬件与设备、半导体与半导体生产设备。③食品、饮料与烟草，医疗保健设备与服务，制药、生物科技与生命科学。④能源、资本货物、电信服务、公用事业。其他8年的网络对应的社团结构内部组成情况的具体分析过程不再赘述。

　　通过分析各时期的网络中各社团内部的组成特征，可得出如下结论：

　　（1）各时期的网络中均存在由同类或相近行业（按照一级行业划分标准）构成的社团结构，例如由同属于金融业的银行、保险与多元金融构成的组合，以及由同属于信息技术行业的软件与服务、技术硬件与设备以及半导体与半导体生产设备构成的组合。大量同类或相近行业聚集在同一社团中的现象说明，由于在实体经济中同类或相近行业在生产、销售、供应、技术支持等方面会有很多业务上的联系，因此在股市中这些行业对应的股票在股价的波动上具有强相关性，往往会发生同涨同跌现象。此外，与平稳时期相比，当股市受到国内外极端金融事件的影响时，网络中具有该特性的社团的数量会减少，这说明股指极端波动事件会降低股市中同类或相近行业间的关联紧密度。

（2）各时期的网络中均存在内部成员数目较多且汇集了多种行业的社团结构，例如N2013中的社团3，N2014中的社团5，N2015中的社团4等。大量不同行业聚集在同一社团中的现象说明，不同行业间同样具有密切的业务往来，在股指波动上具有相互联系的强相关性。此外，具有这种特殊性质的社团中通常都会包含具有较大的度中心性的节点（例如N2013中社团3内的节点3，N2014中社团5内的节点21，N2015中社团4内的节点24），且具有这种特殊性质的社团中的核心节点的所属行业通常不是该社团中的核心行业。这种现象说明，这些社团中的核心节点在社团中起到的是整合不同行业的中介作用，社团中各行业背后的上市公司间更偏好跨行业的业务，一方面直接与社团中的核心节点的上市公司进行业务往来，另一方面也通过核心节点的上市公司的中介作用取得与社团中的其他上市公司的紧密联系。中国股市的波动可以通过这些社团中的核心行业传递到社团内的其他行业，此外，每个社团中的非核心行业的股指波动也可以通过社团的核心行业来影响整个中国股市，因此，这些社团中的核心行业通常会起到领涨领跌的"领头羊"作用。国内外政策、国际金融环境等因素都可能引起中国股市的股指发生极端波动，从而会导致股市的金融风险大大增加，在这种时期，各类投资机构和投资者在进行风险规避和投资组合时可以考虑上述的社团中的核心节点所对应的行业。此外，与平稳时期相比，当股市受到国内外极端金融事件的影响时，网络中具有该特性的社团的数量会明显增加，这说明股指极端波动事件会加强股市中跨行业间的关联紧密度。

（3）存在具有固定行业组成的社团结构，这些行业组合在样本期间内绝大部分网络中均出现在同一个社团之中。例如，组合①：由银行、多元金融以及保险构成的组合；组合②：由软件与服务、技术硬件与设备及半导体与半导体生产设备构成的组合；组合③：由食品与主要用品零售，食品、饮料与烟草以及医疗保健设备与服务构成的组合；组合

④：由商业和专业服务、媒体及零售业构成的组合。可以发现，组合①是由同属金融业的 3 个行业构成的组合，组合②是由同属信息技术业的 3 个行业构成的组合，组合③是由食品类和医药保健类行业构成的组合，组合④是由产品、服务与营销构成的组合，即实体经济中在生产、销售、供应、技术支持等方面具有必然联系的行业在股市中通常具有稳定的股指联动关系，且这些行业间的聚集关系对中美贸易摩擦、新型冠状病毒感染等股指极端波动事件具有较低的敏感性。

3.5　本章小结

本章选取中国股市中 24 个行业板块作为研究对象，基于 MST 算法、Louvain 算法、度分布、网络中心性、平均路径长度等复杂网络理论，分别从网络基本结构、网络社团结构等多种角度研究中国股市行业间关联网络的拓扑结构特征，具体研究内容包括中国股市行业间 MST 网络的构建、网络基本拓扑指标的动态分析、社团结构的划分、内部成员组成及动态演变特征等。同时，本章还分析了近些年的国内外极端金融事件对中国股市各行业间 MST 网络的基本拓扑结构特征及社团结构划分情况的影响，主要结论如下：

（1）首先基于 MST 算法构建中国股市行业间 MST 网络，研究发现：①从各行业在股市中的影响力（重要性）的角度，各行业的影响力具有明显差异，只有少部分行业在股市中具有重要影响力，而绝大部分行业在股市中的影响力较小，且各行业在股市中的影响力具有显著的时变演化特征。②从各节点在网络中的位置分布的角度，股市行业间 MST 网络呈现出明显的"核心-边缘"结构，具有重要影响力的行业在网络中处于核心位置，而影响力较小的行业处于网络中的边缘位置。③从行业间关联特征的角度，行业间的关联性强弱具有明显时变演化特征。

（2）从度和度分布的角度，根据各时期的网络度分布结果可知，度值较小的节点在网络中占有最大的比例，而度值较大的节点在网络中仅占有很小的比例。说明只有少部分行业在股市具有重要影响力，而大部分行业在股市中只具有较小影响力。根据节点的度值频数分布情况，运用最小二乘法拟合出节点的度分布曲线，通过度分布曲线的函数表达式可知股市行业间 MST 网络的度分布符合幂律分布的形式，因此中国股市行业间 MST 网络具有显著的"无标度特性"，是典型的无标度网络。

（3）从平均相关系数和平均路径长度的角度，可以发现，中国股市行业间 MST 网络的平均路径长度介于 2.5 到 4.0 之间，说明中国股市行业间 MST 网络具有显著的"小世界性"，是典型的小世界网络。中国股市中各行业间的相互关联性在国内外极端金融事件发生期间相对较强，在股指极端波动时期金融风险在各行业之间传播速度明显加快，说明当金融风险来临时各行业之间联系会加强，从而尽可能抵抗和减少风险带来的影响。此外，在样本期间内发生的所有国内外极端金融事件中，2015 年的"股灾"事件对中国股市整体的影响最为严重。

（4）根据网络的社团结构划分结果，可以发现：①网络模块度 Q 值具有明显的时变特征，当股市处于平稳运行阶段时，股市中各行业板块之间的聚集性程度较弱，而极端金融事件的外来冲击会促使股市中各行业板块之间的聚集性程度显著加强。②网络最优社团数目同样具有明显的时变特征，当股市处于平稳运行阶段时，股市中各行业板块之间的"成团"情况较为分散化，而各行业板块之间的"成团"情况在股指极端波动时期较为集中化。

（5）根据网络的社团结构内部组成情况，可以发现：①网络中均存在由同类或相近行业构成的社团结构。大量同类或相近行业聚集在同一社团中的现象说明，由于在实体经济中同类或相近行业在生产、销售、供应、技术支持等方面会有很多业务上的联系，因此在股市中这些行业对应的股票在股价的波动上具有强相关性，往往会发生同涨同跌现象。②存在内部成员数目较多且汇集了多种行业的社团结构。此外，具有这种特殊性质的社团中通常都会包含具有较大的度中心性的节点，且具有这种特殊性质的社团中的核心节点的所属行业通常不是该社团中的核心行业。同社团中聚集多种行业股票的现象说明，跨行业股票间的股价波动具有较强关联性。各社团中的核心行业一方面起到领涨领跌的作用，另一方面起到关联社团中其他非核心行业的中介作用。国内外政策、国际金融环境等因素都可能引起中国股市的股指发生极端波动状况，从而导致股市的金融风险大大增加，在这种时期，各类投资机构和投资者在进行风险规避和投资组合时可以考虑上述社团中的核心节点所对应的行业。③存在具有固定行业组成的社团结构，这些行业组合在样本期间内绝大部分网络中均出现在同一个社团之中，说明实体经济中在生产、销售、供应、技术支持等方面具有必然联系的行业在股市中通常具有稳定的股指联动关系，通过这些固定的行业组合可以发现股市中同行业或跨行业间的股价同涨同跌的长程联动性，对股指极端波动时期的投资组合具有一定的指导意义。

第4章 基于PMFG算法的股市行业网络结构稳定性研究

4.1 问题提出

近年来，国际金融市场极端波动事件的发生越发频繁，股指极端波动事件带来的经济形势不确定性使得投资者悲观情绪加剧，以中国A股市场为代表的金融市场严重受此影响且震荡剧烈，部分行业由于受到各类利空因素（例如2018年中美贸易摩擦期间，美国方面对部分自中国进口的商品加征关税，这些商品主要集中于通信、电子、机械设备、汽车、家具、金属及化工原材料等行业）的影响而在股票指数方面反映强烈，市场成交量持续萎靡，市场系统性风险逐步加剧。金融风险的外部性是系统性风险产生的本质，因此需要监管机构通过采取宏观审慎的方法、制定相应政策等措施把控系统性风险。党的十八大以来，"提高系统性金融风险防范意识、加强宏观审慎管理、守住不发生系统性金融风险的底线"是党和国家金融工作的重要指导方针。

维护金融市场的稳定发展是监管部门进行宏观审慎管理、把控系统性风险的主要目标。叶五一等（2014）发现引起金融危机爆发的关键因素是金融脆弱性的集聚，而股市脆弱性主要来源于个股及行业间的关联复杂性及各种类型的风险溢出。股票之间的高度关联性为金融风险的快速蔓延提供了关键渠道，因此，研究者们近些年纷纷选择从金融复杂网络拓扑结构的稳定性、鲁棒性、脆弱性等角度来分析股市、银行等金融市场的稳定性。Peron 等（2012）基于熵值法构建了股市鲁棒性度量指标，并分析了股市鲁棒性与股票关联网络的关系，研究发现网络平均路径长度与网络的鲁棒性显著相关，且股票关联网络的鲁棒性在金融危机时期明显下降。Gao 等（2013）以美国 S&P500 成分股为研究对象，通过滑动窗口技术全面研究了金融网络的动态演化，观察网络动态拓扑性与重大金融崩溃事件之间的关系。实证结果表明，随着时间的推移，金融网络具有稳健的小世界属性，当发生重大金融崩溃事件时，拓扑结构会发生巨大的变化，网络整体稳定性会明显下降。金融网络的动态演化与重大金融崩溃之间的这种对应关系为预测经济危机提供了新思路。Caccioli 等（2015）基于奥地利银行间的交易数据研究了金融网络中传染渠道的相互作用问题，主要的两种传染渠道分别源于交易对手失败时的风险以及重叠的投资组合敞口。根据不同的数据传输协议对金融网络进行不同类型的压力测试，研究发现，当两个渠道同时活跃时，金融网络的脆弱性会明显增加，破产事件出现的概率大幅提升，并且会产生巨大的系统性影响。Zhang 等（2019）基于股票在险价值、价格波动相关性及多重分形特征指标构建了三种不同类型的股票关联网络，通过仿真模拟的方法研究了中国股票市场网络的鲁棒性及稳定性机制，并分析了股市网络拓扑结构、国内宏观经济指标、国际大宗商品市场等多种因素对中国股市网络结构稳定性的影响。

综上所述，在金融市场稳定性的研究方向上，现有研究表明，从网络的视角（将金融系统抽象为网络、金融系统内的各金融机构视为网络中的组成节点、金融机构间的关系视为节点间的连边），通过金融网络的拓扑结构、节点的拓扑指标、网络鲁棒性等网络特性的变化来分析金融市场的关联性及稳定性取得了不错的效果。但是现有研究仍忽略了如下两点问题：（1）现有研究通常是将个股作为研究对象来分析股市网络的稳定性，很少研究股市行业间关联网络的稳定性；（2）在金融网络鲁棒性的分析过程中，现有研究通常基于单一稳定性指标从单一角度研究网络的鲁棒性，而缺少基于多种稳定性指标对网络鲁棒性的综合研究。

在此背景下，本章选取中国股市的 24 个行业板块（数据来源于 Wind 二级行业指数）作为研究对象，基于 PMFG 算法、网络稳定性以及网络鲁棒性仿真模拟分析等理论，分别从网络结构、网络鲁棒性、网络稳定性的主要影响因素等多种角度深入探讨中国股市行业间关联网络的稳定性，具体研究内容包括中国股市行业间 PMFG 网络的构建、行业间网络总体稳定性及系统性风险的动态分析、行业间网络稳定性的影响因素分析等。同时，考虑到近些年国内外极端金融事件对中国股市的冲击，本章以 2018 年中美贸易摩擦为实际研究背景，基于实际遭受贸易制裁的行业板块，有针对性地提出"混合攻击"的方式，对中国股市行业间 PMFG 网络进行仿真模拟分析，并由此分析中美贸易摩擦对中国股市整体稳定性的影响。

本章在以下几个方面做出贡献：（1）本章以中国股市 24 个行业指数为研究对象，选取 2011—2020 年的数据为研究样本，基于 PMFG 算法构建中国股市行业间 PMFG 网络，并从动态视角分析行业间 PMFG 网络结构的动态演变情况；（2）基于网络拓扑指标构建网络稳定性系数及系统性风险评价指标，动态分析中国股市稳定性及系统性风险的变化情况；（3）选取网络崩溃程度指标和网络全局效率作为网络鲁棒性代理指标，通过随机攻击和蓄意攻击的仿真模拟方式分析网络的鲁棒性；（4）针对现有文献对影响股票市场稳定性的因素分析较少的状况，从多种角度分析影响中国股市稳定性的因素，将影响因素归纳为三类指标：网络拓扑结构指标、国内宏观经济指标、国际金融市场指标；（5）考虑到近些年国内外极端金融事件对中国股市的冲击，突破以往研究仅从仿真理论的角度，采用随机攻击或混合攻击的方式分析网络的鲁棒性，本章采取理论与实际相结合的方式，以2018年中美贸易摩擦为实际研究背景，基于实际遭受贸易制裁的行业板块，有针对性地提出"混合攻击"的方式，对网络进行鲁棒性分析，并由此分析2018年中美贸易摩擦对中国股市整体稳定性的影响。

本章的研究有助于金融监管部门和机构投资者了解我国股票市场的稳定性机制，一方面对市场投资者的投资组合、决策分析和风险管理具有重要意义；另一方面也有助于金融监管部门了解影响我国股市稳定性的主要因素，在特殊时期对股市进行政策干预以防范系统性风险累积而引发金融危机，严格把控金融市场的系统性风险，从而维护我国金融系统健康稳定发展。

4.2 数据选取与模型构建

4.2.1 数据选取

本章的研究样本共包括两部分，第一部分为中国股票市场中24个行业指数（详细行业名称、节点标号及缩写见附表A−1），样本数据来源于Wind二级行业指数。样本期间为2009年1月1日至2018年12月31日，数据频率为日频。行业指数的收益率序列由公式 $R_{i,t} = \ln(P_{i,t}) - \ln(P_{i,t-1})$ 计算所得，其中 $R_{i,t}$ 为行业指数i在第t日的对数收益率，$P_{i,t}$ 为行业指数i在第t日的收盘价。第二部分为股市网络拓扑结构指标、国内宏观经济指标、国际主要金融市场指数、大宗商品及其对应的资源股票价格指数。

4.2.2 平面最大过滤图模型

股票价格收益率间的相关性是股市中的基本规律，少数股票的股价极端波动可能会引起股市其他股票的股价波动，从而影响整个股市的稳定性。为分析中国股市网络的鲁棒性、稳定性机制等问题，本章选取平面最大过滤图算法构建中国股市行业间关联网络。

　　PMFG的构造算法与MST类似，主要区别在于：（1）对新加入的边的约束不同。MST要求图中新加入的边与图中现存的边之间不构成环，而PMFG仅要求图中加入新边后所构成的图是平面图；（2）边的数量不同。在PMFG中，每个节点至少与其他两个节点相连，从而最大限度地保留了距离网络图的有效信息。综上，PMFG算法极大程度地解决了最小生成树算法的缺点并尽可能保留了MST的优点，即在保持网络具有简单结构的基础上尽可能保留更多有用的信息。PMFG算法的具体步骤如下：

　　步骤1：获取网络中各节点之间的距离矩阵，将矩阵中的所有距离按降序方式排列，选择其中具有最大权重的节点对，并将这两个节点相连，这种筛选模式与Kruskal-MST算法的操作步骤相类似。

　　步骤2：从剩余的距离中找到具有最大距离权重的节点对，并在图中选取这两个节点进行连接，在此过程中要始终满足图的平面性。

　　步骤3：重复步骤2，直到所有节点都被选中，最终使得该图满足平面性并得到平面最大过滤图。

4.2.3　股市行业间PMFG网络的构建方法

　　在中国股市行业间关联网络$G(V，E)$中，$V = \{v_1，v_2，…，v_i\}$代表各行业板块构成的顶点集合，$E = \{e_{12}，e_{23}，…，e_{ij}\}$代表行业间价格关联关系的边集合，假设$R_i(t)$为行业指数$i$（$i=1，2，…，N$）在第$t$（$t=1，2，…，T$）日的指数收益率，$P_i(t)$、$P_i(t-1)$为行业指数$i$在第$t$日、$t-1$日的数值。则第$i$个行业指数的对数收益率为：

$$R_i(t) = \ln(P_i(t)) - \ln(P_i(t-1)) \tag{4.1}$$

　　任意2个行业指数i、j间的Pearson相关系数：

$$\rho_{ij} = (E(R_iR_j) - E(R_i)E(R_j)) / \sqrt{(E(R_i^2) - E(R_i)^2)(E(R_j^2) - E(R_j)^2)} \tag{4.2}$$

　　式中，$\rho_{ij} \in [-1，1]$。由于相关系数矩阵(ρ_{ij})不满足度量空间的基本条件，需将ρ_{ij}转化为满足度量空间基本条件的距离矩阵(d_{ij})，转换公式为$d_{ij} = \sqrt{2(1 - \rho_{ij})}$，其中，$d_{ij} \in [0，2]$。基于距离矩阵$(d_{ij})$可构建全连接网络。全连接网络中存在大量的冗余边（即这些边代表其对应的行业间的关联性较弱），为准确识别股市中行业间较强的关联效应，本书选取PMFG算法来过滤全连接网络中的冗余边，从而得到中国股市行业间PMFG网络。

4.2.4 网络稳定性指标

股票市场的稳定性会受到多种因素的影响，包括国际经贸环境、国家宏观经济指标及经济政策等"外在因素"，以及股市自身网络拓扑结构、市场投资者情绪等"内在因素"。因此，为有效分析中国股市的稳定性，本章从网络分析的视角使用网络稳定性系数、网络系统性风险度量指标、网络全局效率、网络崩溃程度指标，从多种角度来综合分析中国股市的稳定性情况。

4.2.4.1 网络稳定性系数

参照May等（1972）的方法，从复杂网络的视角，选取稳定性系数NS来定量分析股市整体的稳定性水平：

$$NS = \sqrt{nd}\,c \tag{4.3}$$

式中，n为网络中节点总数，d为网络密度，c为网络平均度。NS越大，则股市整体稳定性水平越低。

4.2.4.2 网络系统性风险度量指标

参照邵华明等的研究方法，选取股市网络中各节点的特征向量中心性的均值SR来衡量股市网络的系统性风险，其表达式为：

$$SR = \sum_{i=1}^{n} EC_i / n \tag{4.4}$$

式中，EC_i为行业板块i的特征向量中心性，n为节点总数。

4.2.4.3 网络全局效率

为度量股市行业间关联网络的稳定性，引用Costa和Rodrigues（2007）提出的全局效率指标，它的定义如下：

$$E = \frac{1}{N(N-1)} \sum_{i \neq j}^{N} \frac{1}{d_{ij}} \tag{4.5}$$

式中，$d_{ij} > 0$，当行业i和行业j完全正相关时（$\rho_{ij} = 1$），则$d_{ij} = 0$，此时不满足公式（4.5）的要求。当行业i和行业j之间完全不相关时（$\rho_{ij} = 0$），即两个行业间不存在任何连接路径，则有$d_{ij} = +\infty$，$1/d_{ij} = 0$。

全局效率反映了两个节点之间的连接效率与它们之间的距离成反比，该指标通过整合所有节点对之间的连接效率综合形成。

4.2.4.4 网络崩溃程度指标

网络的鲁棒性代表网络自身的拓扑结构对外界各类破坏形式的抵抗能力，而股市行业间关联网络的鲁棒性是指股市网络遭遇政治、经济等外界因素冲击后保持自身稳定性的能力。参照 Zhang 等（2019）的方法，选取网络崩溃程度指标 G 来衡量网络的鲁棒性。当 G = 1 时，网络是完整的，当 G ≤ 0.1 时，网络被完全摧毁，其表达式为：

$$G = n'/n \tag{4.6}$$

式中，n 为网络中的节点数，n' 为受到攻击后移除网络中部分节点后网络最大连通子图的节点数。

4.3 股市行业间 PMFG 网络结构的稳定性特征分析

4.3.1 股市行业间 PMFG 网络基本拓扑结构特征分析

从静态角度分析全样本期间（2009—2018 年）中国股市中 24 个行业之间的股价收益率相关网络（全连接网络），并基于 PMFG 算法过滤掉全连接网络中的部分冗余连边，得到全样本期间中国股市行业间 PMFG 网络（如图 4-1 所示）。其中，节点的大小代表各节点在网络中的度，即各节点在网络中的影响力大小。可以发现，在全样本期间，股市中各行业的影响力呈现明显的无标度特征，只有资本货物（节点 3）、材料（节点 2）、耐用消费品与服装（节点 7）这三个行业在股市中具有重要影响力，而食品、饮料与烟草（节点 12）、家庭与个人用品（节点 13）、医疗保健设备与服务（节点 14）等行业在股市中只具有较小影响力。从各节点在网络中的位置分布角度，可以发现全样本期间内，中国股市各行业间的 PMFG 网络呈现明显的"核心-边缘"结构，具有重要影响力的行业在网络中处于核心位置，而影响力较小的行业处于网络中的边缘位置。

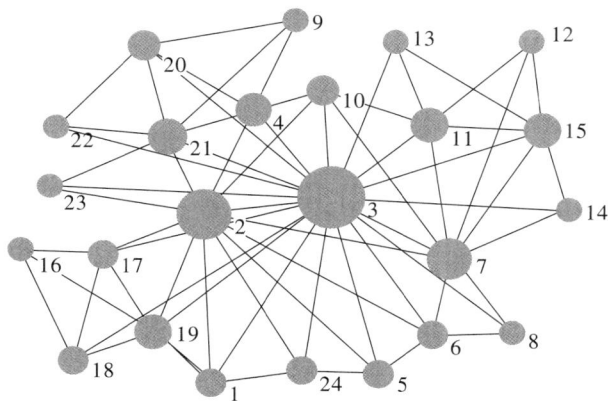

图4-1　全样本期间中国股市行业间PMFG网络

　　表4-1给出了全样本期间股市行业间PMFG网络整体拓扑指标的统计结果。可以发现，网络的连通性为1，说明中国股市行业间PMFG网络具有较高的连通度，即各行业的股价收益率间具有较强的联动效应。网络平均路径长度为1.924，直径为4，小世界性指数为1.832，上述三种网络指标表明中国股市行业间PMFG网络具有典型的小世界性特征，即因某行业的股价异常波动所产生的风险能够以较短的传染路径迅速地扩散到股市中的其他行业，并通过网络关联结构迅速对中国股市整体造成明显影响。网络全局聚集系数为0.749，说明样本期间内各行业间具有明显的聚集特性，即中国股市中各行业板块间存在明显的"抱团"效应。网络密度为0.239，说明各行业间PMFG网络内部的关联特征较为稀疏，但是根据上述结论可知网络具有较高连通性，表明各行业间的总体关联特征具有较高效率，行业间的冗余关联数较少。

表4-1　　　　　　　　　　　　　网络拓扑结构指标统计

连通性	全局聚集系数	平均路径长度	直径	小世界性指数	密度
1	0.749	1.924	4	1.832	0.239

4.3.2　网络稳定性指标动态演变

　　为揭示中国股市稳定性的动态演变情况，本章采取动态滑动窗口分析法，将2009—2018年各季度作为滑动窗口的时间跨度，共构建40个股市行业间PMFG网络，并基于上述的动态PMFG网络求解各阶段对应的网络稳定性系数和网络系统性风险指标。

中国股市行业间PMFG网络的稳定性系数的动态变化情况如图4-2所示，可以发现，在样本期间内，中国股市稳定性较差的时间段共有四个，分别是：第一阶段，2009年第一季度；第二阶段，2013年第三季度至2013年第四季度；第三阶段，2015年第二季度至2016年第一季度；第四阶段，2018年第一季度至2018年第二季度。中国股市网络系统性风险指标的动态变化情况如图4-3所示，可以发现，在样本期间内，中国股市系统性风险水平较高的时间段与上述的四个时间段（稳定性较差的时间段）完全相同。究其原因，2009年第一季度对应2008年国际金融危机的尾声，国际金融危机对股市的强烈冲击导致股市整体稳定性较差，稳定性的恢复需要大量的时间；2013年第三季度至2013年第四季度正值2013年"钱荒"事件的爆发阶段，由于金融行业的极端波动，股市中的其他行业也受到了严重的影响，从而导致股市整体稳定性下降；2015年第三季度至2016年第三季度对应2015年中国颁布去杠杆政策所引起的股灾，其间一度发生了"千股跌停、千股停牌、千股涨停、股市熔断"等中国股市的历史场面，股市的日波动幅度极大，股市稳定性也在此阶段具有极低的水平，稳定性系数在2015年第三季度达到最大值，即中国股市在2015年第三季度具有样本期间内的最差稳定性；2018年第一季度至2018年第二季度对应2018年3月中美贸易摩擦的爆发，部分行业由于受到美方的贸易制裁影响而出现了极端波动的情形，且这些行业的风险快速向股市中其他行业传染，并导致股市整体系统性风险逐渐积聚、股市稳定性水平显著降低。

综上可知，样本期间内发生的众多国内外极端金融事件（2018年中美贸易摩擦、2015年"股灾"、2013年"钱荒"、2008年"全球金融危机"）均对中国股票市场造成了不同程度的影响，从而引发股市的极端波动、系统性风险加剧、稳定性下降等多方面问题。

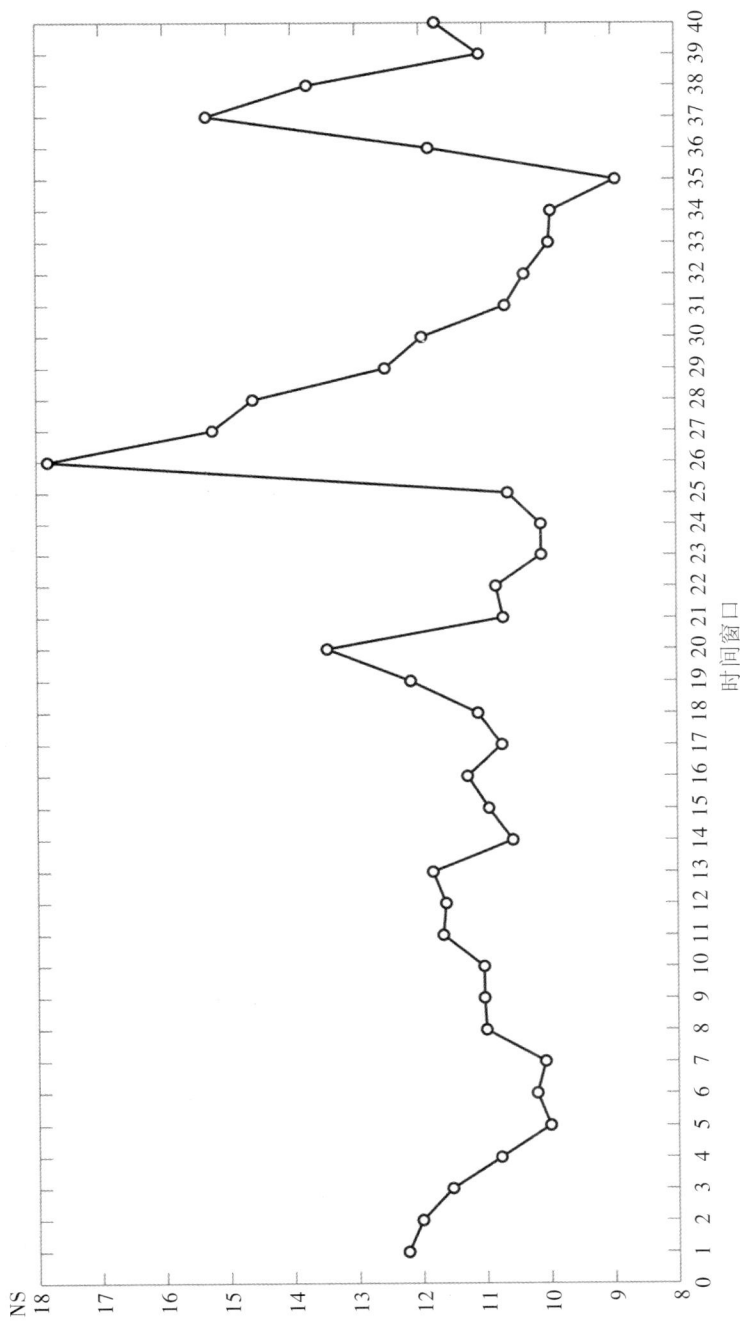

图 4-2 网络稳定性系数的动态演变

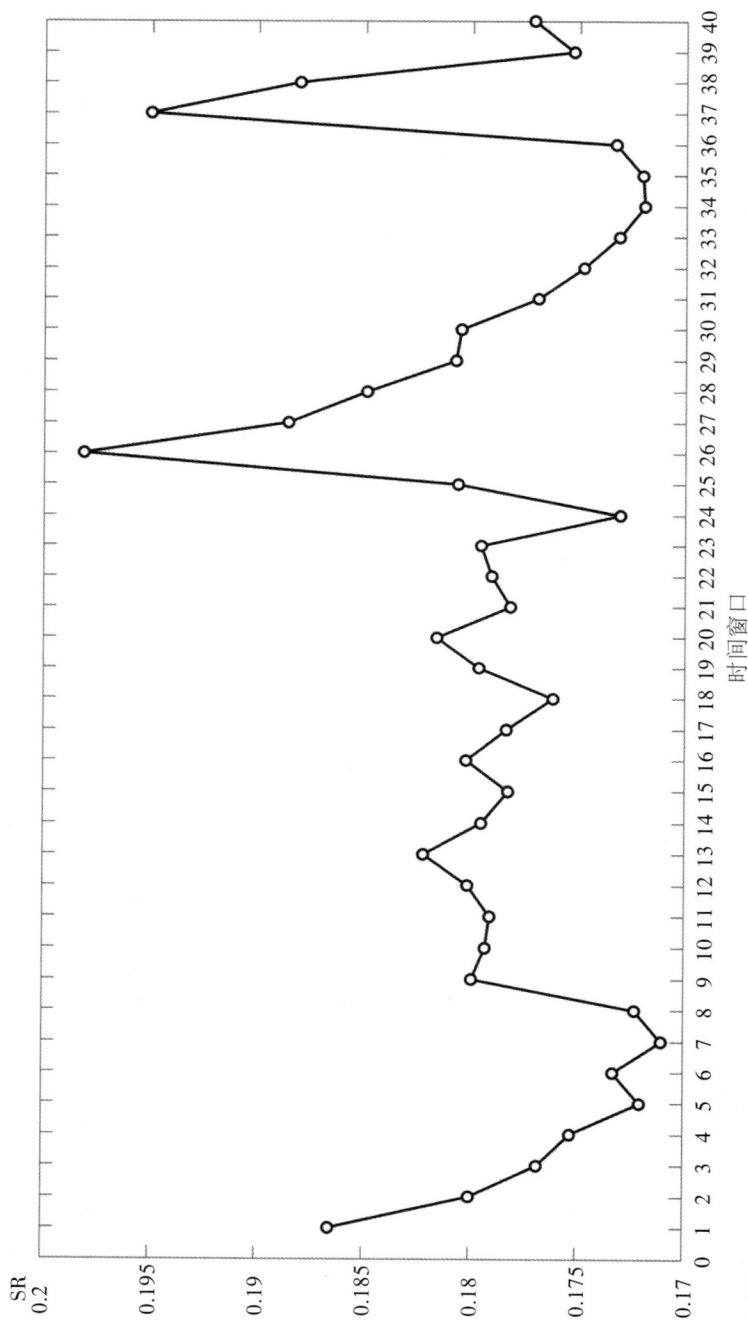

图 4-3 网络系统性风险指标的动态演变

4.4 股市行业间PMFG网络结构的鲁棒性分析

股市网络的鲁棒性是指股市网络面临国内外的政治、经济等多种外界因素冲击后继续维持自身稳定水平的能力。本书通过采取仿真实验对网络进行攻击的方式，分析股市行业间PMFG网络的鲁棒性。网络攻击方式包括随机攻击和蓄意攻击，随机攻击方式是指逐一随机删除网络中的各节点及连边；蓄意攻击方式是指依据节点的某种拓扑指标，按照由大到小的顺序逐一删除各节点及连边。为从不同角度稳健地分析股市PMFG网络的稳定性，本章分别选取全局效率（GE）和网络崩溃程度（DOC）作为网络稳定性的评价指标，并选取5个阶段的网络（2014—2018年的网络，分别简称为N2014、N2015、N2016、N2017、N2018）作为代表进行随机攻击和蓄意攻击分析。为反映股市的稳定性，在仿真实验中，我们逐渐增加网络中移除节点的比例 ρ，并观察全局效率和网络崩溃程度的变化情况。为避免节点移除的偶然性，对随机攻击和蓄意攻击进行了 1 000 次重复模拟实验，取各网络稳定性指标的平均值作为最终的网络稳定性测试指标，从而判断各网络的鲁棒性强弱情况。

4.4.1 基于随机攻击的鲁棒性分析

在对网络进行随机攻击的分析中，本章随机逐一删除网络中的各节点及连边，并分别从网络全局效率和网络崩溃程度随节点的删除比例 ρ 的变化情况来反映网络的鲁棒性。对网络全局效率（GE）指标，当 GE ≤ 0.1 时，表示网络进入崩溃状态，即网络处于无效率状态。GE随节点删除比例 ρ 的下降速度越慢，网络的鲁棒性越强；而对网络崩溃程度（DOC）指标，当 DOC ≤ 0.1 时，表示网络被彻底摧毁，网络被彻底摧毁的临界点对应的 ρ 值越大，表示网络的鲁棒性越强。

图 4-4 绘制了 5 个时期的网络（N2014、N2015、N2016、N2017、N2018）在随机攻击模式下的 GE-ρ 曲线，且上述 5 个网络对应的曲线通过颜色深浅区分。可以发现，在进行随机攻击前，5 个网络对应的初始 GE 指标的顺序依次为 N2017（0.8065）、N2014（0.7709）、N2016

（0.7037）、N2018（0.6977）、N2015（0.5926）。其中，N2017和N2014对应的初始GE指标具有较高水平，且明显高于其他3个时期的网络；N2018和N2016对应的初始GE指标具有中等水平；而N2015对应的初始GE指标具有较低水平，且明显低于其他4个时期的网络。上述结果表明国内外极端金融事件的冲击会严重影响中国股市行业间PMFG网络的稳定性，其中，股市网络的稳定性在2015年最差，在2016年和2018年相对较差，而在2014年和2017年相对较好，该结果与4.3.2节中的结论一致。在随机攻击下，随着节点删除比例ρ的增大，5个网络对应的GE曲线均平稳下降，且下降趋势逐渐收敛，其中，N2015和N2018的GE指标下降速度略快于其他时期。当节点删除比例ρ约为92%时，所有网络的GE均小于0.1，表明网络进入崩溃状态。

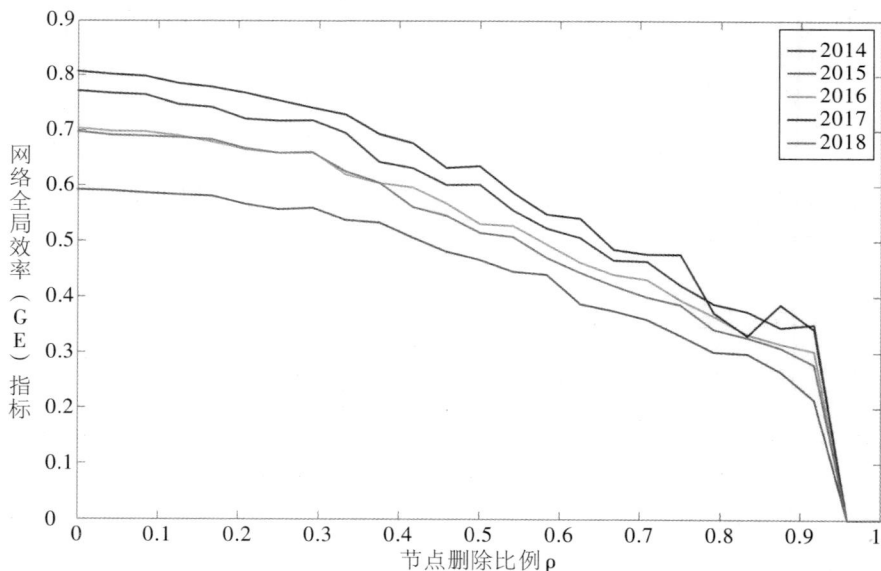

图4-4　基于网络全局效率（GE）的随机攻击分析

图4-5绘制了5个时期的网络（N2014、N2015、N2016、N2017、N2018）在随机攻击模式下的DOC-ρ曲线。可以发现，在进行随机攻击前，5个网络对应的初始DOC指标均为1，即网络处于完整状态。在随机攻击模式下，在节点删除比例ρ小于30%之前，5个网络对应的DOC曲线的下降速度与趋势几乎一致。当ρ大于30%的时候，各网

络的 DOC 曲线下降趋势开始明显分化，其中，N2015 的 DOC 指标的下降速度明显快于其他所有时期，且 N2015 在节点删除比例 ρ 达到 75% 左右时就率先进入了完全崩溃状态。N2018 的 DOC 指标的下降速度略慢于 N2015，但是明显快于其他时期，N2018 在节点删除比例 ρ 达到 83% 左右时进入完全崩溃状态。对于其他 3 个时期的网络，当节点删除比例 ρ 约为 88% 时，所有网络的 DOC 均小于 0.1，表明网络进入完全崩溃状态。

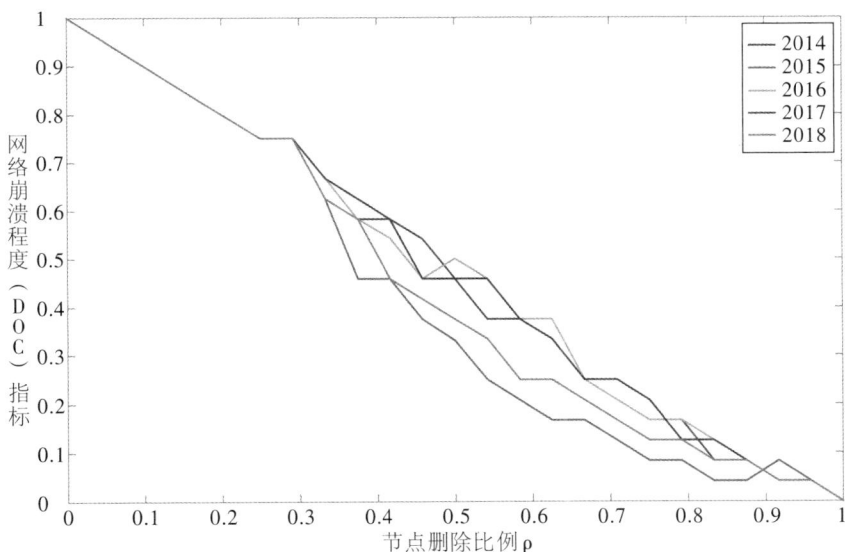

图 4-5　基于网络崩溃程度（DOC）的随机攻击分析

综上研究发现：（1）在随机攻击模拟中，随着节点的移除比例 ρ 增大，N2015 和 N2018 的 GE 和 DOC 指标的下降速度明显大于其他时期（N2015 的速度略大于 N2018），网络进入完全崩溃的状态明显早于其他时期，说明国内外极端金融事件会明显降低中国股市行业间 PMFG 网络的鲁棒性，且 2015 年 "股灾" 事件比 2018 年 "中美贸易摩擦" 事件对股市网络鲁棒性的影响作用更大。（2）在分别选取全局效率和网络崩溃程度作为网络稳定性的评价指标的情况下，各时期的网络进入完全崩溃状态对应的节点删除比例 ρ 值均较大，说明中国股市行业间 PMFG 网络对随机攻击具有较强的鲁棒性。

4.4.2　基于蓄意攻击的鲁棒性分析

在对网络进行蓄意攻击的分析中，本章依据节点度值由大到小的顺序逐一删除各节点及连边，并计算相应的网络全局效率和网络崩溃程度指标。

图 4-6 绘制了 5 个时期的网络（N2014、N2015、N2016、N2017、N2018）在蓄意攻击模式下的 GE-ρ 曲线。可以发现，与随机攻击模式相比，在蓄意攻击模式下随着节点删除比例 ρ 的增大，5 个网络对应的 GE 曲线的下降速度均有显著提升，当节点删除比例 ρ 为 30% 时，随机攻击下各网络的 GE 指标几乎均大于 0.6（2014—2018 年对应的 GE 指标分别为 0.717、0.557、0.659、0.754、0.659），而蓄意攻击下各网络的 GE 指标全部小于 0.35（2014—2018 年对应的 GE 指标分别为 0.239、0.186、0.330、0.319、0.209），说明蓄意攻击对股市行业间 PMFG 网络稳定性的冲击作用显著大于随机攻击。N2015 和 N2018 的 GE 指标下降速度明显快于其他时期，当节点删除比例 ρ 约为 50% 时，N2015 和 N2018 已经进入完全崩溃状态，所有网络在 ρ 值约为 70% 时均进入完全崩溃状态。

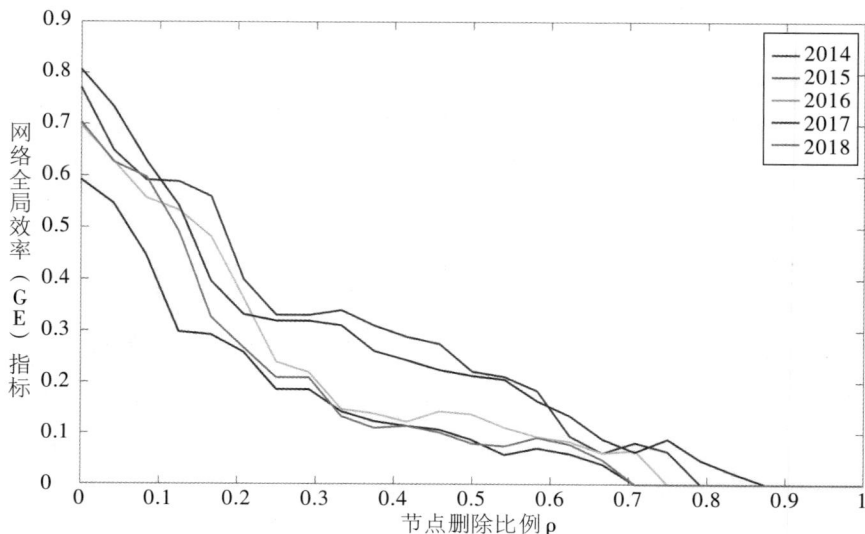

图 4-6　基于网络全局效率（GE）的蓄意攻击分析

图 4-7 绘制了 5 个时期的网络（N2014、N2015、N2016、N2017、N2018）在蓄意攻击模式下的 DOC-ρ 曲线，可以发现，在蓄意攻击模式下，在节点删除比例 ρ 小于 10% 之前，5 个网络对应的 DOC 曲线的下降速度与趋势几乎一致。当 ρ 大于 10% 时，各网络的 DOC 曲线下降趋势开始明显分化，且与随机攻击相比，各网络的 DOC 指标在蓄意攻击模式下的下降速度明显提升，当节点删除比例 ρ 为 30% 时，随机攻击下各网络的 DOC 指标均大于 0.7，而蓄意攻击下各网络的 DOC 指标全部小于 0.40，说明蓄意攻击对股市行业间 PMFG 网络稳定性的冲击作用显著大于随机攻击。其中，N2015 和 N2018 的 DOC 指标的下降速度明显快于其他所有时期，当节点删除比例 ρ 达到 25% 左右时，这两个网络的 DOC 指标就跌至 0.25。此外，N2015 和 N2018 进入完全崩溃状态对应的 ρ 值分别为 45.8% 和 54.2%，所有网络在 ρ 值为 62.5% 时进入完全崩溃状态。

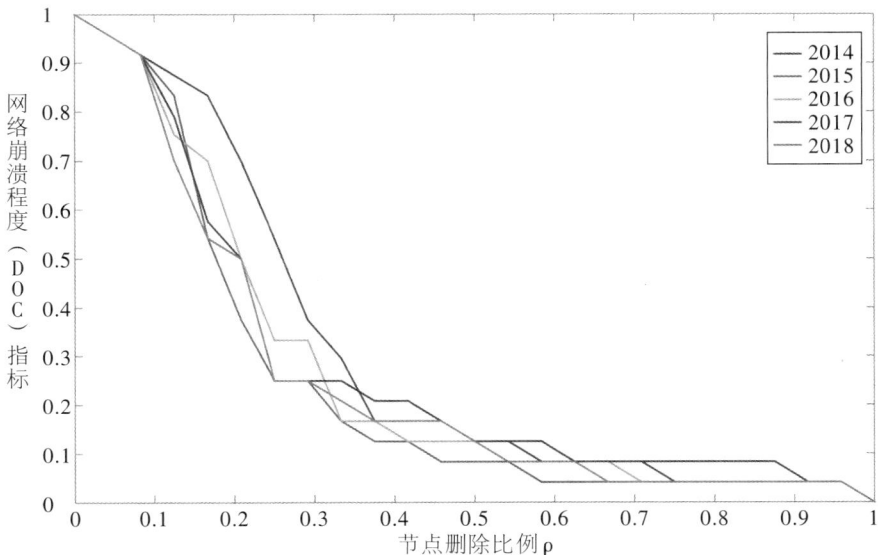

图 4-7　基于网络崩溃程度（DOC）的蓄意攻击分析

综上研究发现：（1）在蓄意攻击模式中，随着节点的移除比例 ρ 增大，N2015 和 N2018 的 GE 和 DOC 指标的下降速度明显大于其他时期（N2015 的速度略大于 N2018），网络进入完全崩溃的状态明显早于其他时期，说明国内外极端金融事件会明显降低中国股市行业间 PMFG 网络的鲁棒性，且 2015 年"股灾"事件比 2018 年"中美贸易摩擦"事件对股市网络鲁棒性的影响更大，这与在随机攻击模式中所得的结论一致。（2）在分别选取全局效率和网络崩溃程度作为网络稳定性的评价指标的情况下，各时期网络的稳定性评价指标在蓄意攻击模式下的下降速度要明显快于随机攻击模式。此外，相比于随机攻击模式，在蓄意攻击模式下各网络被彻底摧毁的临界点对应的 ρ 值均较小，说明中国股市行业间 PMFG 网络对蓄意攻击具有脆弱性。

4.4.3 基于"混合攻击"的鲁棒性分析

2018 年 7 月 11 日，美国公布拟对自中国进口的 2 000 亿美元商品加征 10% 的关税清单，这些商品主要集中于通信、电子、机械设备、汽车、家具、金属及化工原材料等领域，对应的 Wind 二级行业分别为软件与服务、技术硬件与设备、半导体与半导体生产设备、电信服务、材料、耐用消费品、汽车与汽车零部件、资本货物，美国的贸易制裁措施对股市中的上述行业板块及股市整体带来了巨大冲击。因此，为探究中美贸易摩擦对中国股市的影响，参照 Li 等（2020）的研究方法，采取对比研究的方式将样本时间区间划分为贸易摩擦前、后共两个阶段，将 2017 年 1 月 4 日至 2018 年 2 月 28 日称为"中美贸易摩擦前期"，将 2018 年 3 月 1 日至 2018 年 12 月 31 日称为"中美贸易摩擦后期"。

为分析美国贸易制裁措施给中国股市稳定性带来的实际影响，本节创新性地通过"混合攻击"方式对贸易摩擦前、后的中国股市行业板块间 PMFG 网络进行仿真模拟分析，具体方式为：首先，在贸易摩擦前、后的网络中，依次删除软件与服务、技术硬件与设备、半导体与半导体生产设备、电信服务、材料、耐用消费品与服装、汽车与汽车零部件、资本货物这 8 个行业在网络中对应的节点（美国的贸易制裁措施对以上 8 个行业的影响与"蓄意攻击"相对应）。其次，采取随机攻击的方式依次删除网络中的其他节点，并计算相应的网络崩溃程度指标。最后，分别与只单独采取"随机攻击"或"蓄意攻击"的模拟结果进行对比。

本节选取 DOC 作为网络稳定性的评价指标，对贸易摩擦前、后的网络进行随机攻击和蓄意攻击的仿真结果分别如图4-8和图4-9所示。在随机攻击模拟中，随着节点的移除比例ρ逐渐增大，贸易摩擦后的网络DOC值下降速度略大于贸易摩擦前。贸易摩擦前、后的网络被彻底摧毁的临界点对应的ρ值分别为83%、79%。在蓄意攻击模拟中，随着节点的移除比例ρ逐渐增大，贸易摩擦后的网络的DOC值下降速度明显大于贸易摩擦前，贸易摩擦前、后的网络被彻底摧毁的临界点对应的ρ值分别为58%和54%。

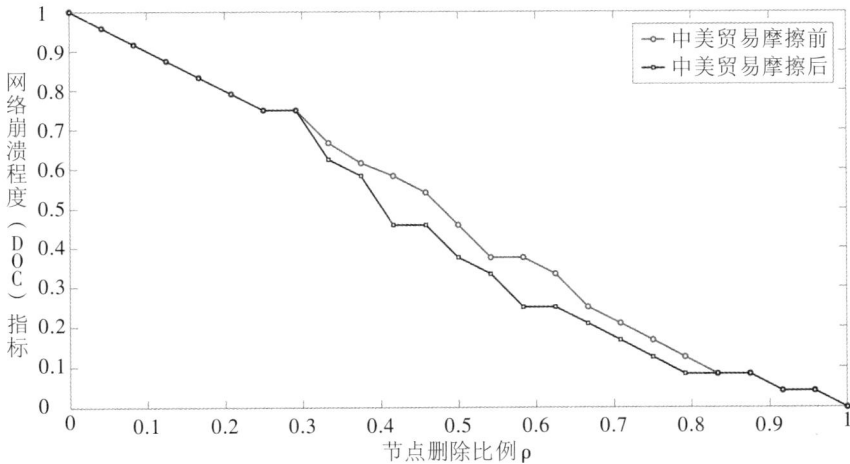

图4-8　基于网络崩溃程度（DOC）的随机攻击分析（中美贸易摩擦背景下）

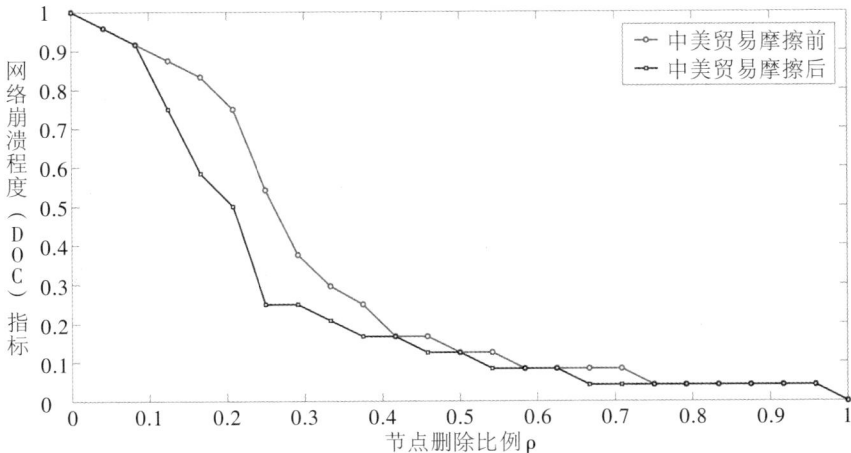

图4-9　基于网络崩溃程度（DOC）的蓄意攻击分析（中美贸易摩擦背景下）

综上可得：（1）在随机攻击模拟中，贸易摩擦后的网络DOC值的下降速度比贸易摩擦前提升了5%，且两阶段的ρ值均较大，说明中美贸易摩擦的外生冲击会降低股市行业间PMFG网络的鲁棒性，股市网络对随机攻击具有较强的鲁棒性。（2）在蓄意攻击模拟中，随着节点的移除比例ρ逐渐增大，贸易摩擦前的网络崩溃速度比随机攻击模拟中提升了43.1%，贸易摩擦后的网络崩溃速度比随机攻击模拟中提升了46.3%，网络被彻底摧毁的临界点对应的ρ值均较小，说明股市行业间PMFG网络对蓄意攻击具有脆弱性，且中美贸易摩擦使中国股市网络的脆弱性加强。

对贸易摩擦前、后的股市行业间PMFG网络进行"混合攻击"模拟的结果如图4-10所示。随着节点的移除比例ρ逐渐增大，网络的DOC值下降速度略大于贸易摩擦前，这点与前文（网络鲁棒性分析——基于随机攻击或蓄意攻击方式）中随机攻击和蓄意攻击的结果相同；在贸易摩擦前、后的网络中，依次删除软件与服务、技术硬件与设备等8个行业在网络中对应的节点后，网络的DOC值分别为0.458和0.375。在单独进行随机攻击的模式下，随机删除8个节点后，网络的DOC值分别为0.667和0.625。在单独进行蓄意攻击的模式下，定向删除8个节点后，网络的DOC值分别为0.296和0.208。与随机攻击相比，在删除8个节点后，混合攻击下的贸易摩擦前、后的股市网络崩溃程度指标同比下降的幅度分别为45.6%和66.7%。与蓄意攻击相比，在删除8个节点后，混合攻击模式下的贸易摩擦前、后的股市网络崩溃程度指标同比上升的幅度分别为54.7%和80.3%。综上可得：（1）混合攻击模式对股市网络鲁棒性的破坏效率与程度介于随机攻击与蓄意攻击之间。（2）混合攻击模式更接近中美贸易摩擦对中国股市造成的实际影响，即美国贸易制裁措施促使中国股市行业间PMFG网络崩溃速度加快，从而使网络的鲁棒性下降并降低中国股市的整体稳定性。

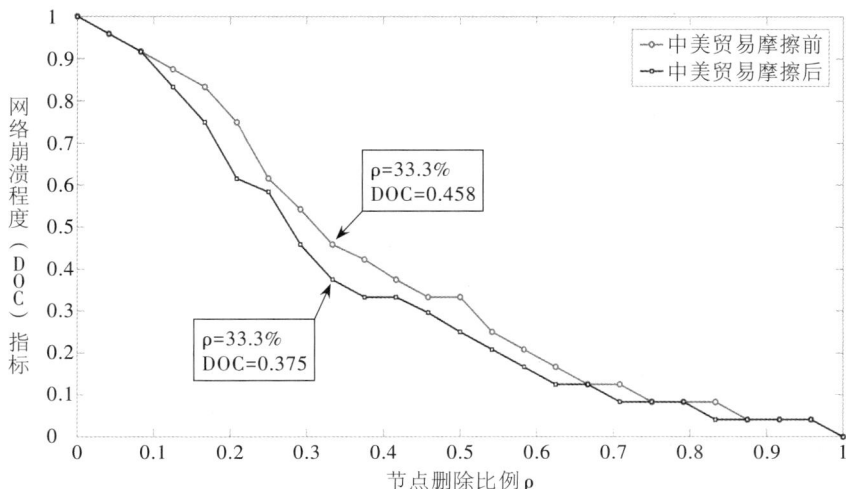

图 4-10　基于网络崩溃程度（DOC）的混合攻击分析（中美贸易摩擦背景下）

4.5　股市行业间 PMFG 网络结构稳定性的影响因素分析

股票市场是典型的复杂系统，股市中个股及行业的波动情况容易受到国内外经济、政治、突发事件等多种因素的影响，即中国股市的稳定性容易受到全球经济环境、国内外重大政策及突发事件、国际金融市场等多方面因素的影响。基于上述背景，本节旨在通过多种角度分析影响中国股市稳定性的因素，影响因素主要包括 3 类指标：（1）网络拓扑结构指标；（2）国内宏观经济指标；（3）国际金融市场主要指标。

4.5.1　网络拓扑结构特征对股市稳定性的影响

为全面分析影响中国股市稳定性的因素，首先分析网络拓扑结构与中国股市稳定性的关联性。网络拓扑结构指标主要包括两类：第一类是节点拓扑指标，代表股市中各行业板块的特性；第二类是网络整体拓扑指标，代表股市整体的特性。由于股市稳定性属于整体特性，因此选取网络整体拓扑指标作为解释变量，具体包括第 t（t=1，2，…，40）个股市行业间 PMFG 网络（详见 4.3.2 节）的平均路径长度 AveDist、聚类系数 Clust、网络中心化程度 NetCent 及网络系统性风险 SR。选取的被解释变量为第t（t=1，2，…，40）个股市行业间PMFG网络的网络稳定性系数NS。各变量的描述性统计结果见表4-2，ADF单位根检验结果表明各变量均是平稳的。

表4-2　　　　　　　　　　　　描述性统计结果

变量	均值	标准差	偏度	峰度	ADF
AveDist	1.4654	0.0902	−0.7947	3.5481	−4.8384***
Clust	0.8234	0.0296	−0.2609	2.7926	−4.7837***
NetCent	0.3094	0.0598	0.2084	2.4438	−4.6878***
SR	49.0879	6.4906	1.5810	7.2299	−6.1338***
NS	0.1876	0.0032	0.6933	2.9913	−4.6344***

注释：***表示在1%的显著性水平下显著。

回归模型如下：

$$NS_t = \beta_0 + \beta_1 AveDist_t + \beta_2 Clust_t + \beta_3 NetCent_t + \beta_4 SR_t + \varepsilon_t \qquad (4.7)$$

式中，β_0为常数项，β_1、β_2、β_3、β_4为解释变量的系数，ε_t为随机误差项。

回归结果见表4-3，由F统计值及对应的P值可知，该回归模型在1%的显著性水平下是显著的。在式（4.7）中，有3个解释变量显著影响被解释变量NS，其中，系统性风险SR在10%的显著性水平下对稳定性系数NS具有显著的正向影响，平均路径长度AveDist在1%的显著性水平下对NS具有显著的负向影响，网络中心化程度NetCent在1%的显著性水平下对NS具有显著的负向影响。聚类系数Clust对NS具有负向的影响，但是影响不显著。

表4-3　　　　　　　　　　　　模型回归分析结果

变量	系数	标准误	t值	P值
β_0	69.5006	45.7043	1.5207	0.1373
AveDist	−57.7474	8.3280	−6.9341	0.0000***
Clust	24.0478	15.4932	1.5521	0.1296
NetCent	−47.8853	6.6863	−7.1618	0.0000***
SR	323.1239	180.4281	1.7909	0.0820*
R^2=0.9339			调整的 R^2=0.9263	
F值 = 123.6729			P值=0.0000***	

注释：*、**、***分别代表在10%、5%、1%的显著性水平下显著。

4.5.2　宏观经济因素对股市稳定性的影响

股票市场是宏观经济的先行指标，同时宏观经济的走向也会影响股票市场的走势。下面分析国内宏观经济指标与股市稳定性的关联性。选取的解释变量包括从 2009 年开始第 t（t=1，2，3，…，40）个季度对应的货币供应量 lnM2、居民消费价格指数 lnCPI、进出口贸易总额 lnTrade 和国内生产总值指数 lnGDP（国家统计局公布的国内生产总值指数为季度数据，而货币供应量、居民消费价格指数、进出口贸易总额属于月度数据，为与网络稳定性系数指标的数据频率保持一致，货币供应量和进出口贸易总额的各季度内的月度数据总和为季度数据，居民消费价格指数各季度内的月度数据平均值为季度数据，然后对各变量取对数）。选取的被解释变量与上节相同，同样是 NS。各变量的描述性统计结果见表 4-4，ADF 单位根检验结果表明各变量均是平稳的。

表4-4　　　　　　　　　　描述性统计结果

变量	均值	标准差	偏度	峰度	ADF
lnGDP	0.0000	0.0059	1.7354	7.7765	−3.7158***
lnTrade	0.0261	0.1044	−1.1098	4.3274	−3.6825***
lnCPI	4.6782	0.3091	4.0681	17.5513	−6.3926***
lnM2	14.9996	0.3595	−0.2813	1.8688	−5.3750***
NS	0.1876	0.0031	0.6933	2.9912	−4.6344***

注释：***表示在1%的显著性水平下显著。

回归模型如下：

$$NS_t = \alpha_0 + \alpha_1 lnGDP_t + \alpha_2 ln\,Trade_t + \alpha_3 lnM2_t + \alpha_4 ln\,CPI_t + \delta_t \qquad (4.8)$$

式中，α_0 为常数项，α_1、α_2、α_3、α_4 为解释变量的系数，δ_t 为随机误差项。

回归结果见表 4-5，由 F 值及对应的 P 值可知，该回归模型在 1% 的显著性水平下是显著的。在式（4.8）中，有 3 个变量显著影响稳定性系数 NS。其中，lnGDP 在 1% 的显著性水平下对 NS 具有显著的负向影响，lnCPI 在 10% 的显著性水平下对 NS 具有显著的正向影响，lnM2 在 1% 的显著性水平下对 NS 具有显著的正向影响。lnTrade 对 NS 具有负向的影响，但是影响不显著。

表4-5   模型回归结果

变量	系数	标准误	t 值	P 值
α_0	-49.7995	5.4220	9.1676	0.0000***
lnGDP	-8.1968	0.4094	3.1879	0.0031***
lnTrade	-15.8876	1.1286	-1.5048	0.1416
lnCPI	6.9578	0.2772	-1.9691	0.0571*
lnM2	4.6040	0.0953	-3.6286	0.0009***

R^2=0.8567	调整的 R^2=0.8421
F 值=4.0346	P 值=0.0088***

注释：*、**、***分别代表在 10%、5%、1% 的显著性水平下显著。

4.5.3 国际金融市场对股市稳定性的影响

在经济全球化和金融业务复杂性日益加深的背景下，各国金融市场及金融机构间的关联程度越发紧密，中国股市的稳定性也会受到国际金融市场的影响。下面分析国际金融市场主要指标与中国股市稳定性的关联性。选取的自变量包括从 2009 年开始第 t（t=1，2，3，…，40）个季度对应的中国香港恒生指数 lnHS、美国道琼斯指数 lnDJ、伦敦黄金现价 lnGOLD、布伦特原油现价 lnOIL（Wind 资讯公布的中国香港恒生指数、美国道琼斯指数、伦敦黄金现价、布伦特原油现价均属于日数据，为与网络稳定性系数指标的数据频率保持一致，故对这 4 个指标取各季度内的日数据平均值为季度数据，然后对各变量取对数）。选取的被解释变量与上节相同，同样是 NS。各变量的描述性统计结果见表 4-6，ADF 单位根检验结果表明各变量均是平稳的。

表4-6　　　　　　　　　　　　描述性统计结果

变量	均值	标准差	偏度	峰度	ADF
lnDJ	0.0404	0.0550	−0.4045	3.3571	−3.9663***
lnOIL	0.0104	0.1349	−0.4929	3.5324	−5.8391***
lnGOLD	7.1434	0.0899	1.5709	7.6116	−5.1856***
lnHS	10.0382	0.1311	0.3871	3.2628	−5.1067***
NS	0.1876	0.0032	0.6933	2.9913	−4.6344***

注释：***表示在1%的显著性水平下显著。

回归模型如下：

$$NS_t = \phi_0 + \phi_1 lnDJ_t + \phi_2 lnOIL_t + \phi_3 lnHS_t + \phi_4 lnGOLD_t + \gamma_t \qquad (4.9)$$

式中，ϕ_0 为常数项，ϕ_1、ϕ_2、ϕ_3、ϕ_4 为解释变量的系数，γ_t 为随机误差项。

回归结果见表4-7，由 F 值及对应的 P 值可知，该回归模型在 1% 的显著性水平下是显著的。在式（4.9）中，有 3 个变量显著影响网络稳定性系数 NS，其中，lnHS 在 5% 的显著性水平下对 NS 具有显著的负向影响，lnGOLD 在 10% 的显著性水平下对 NS 具有显著的正向影响，lnOIL 在 5% 的显著性水平下对 NS 具有显著的负向影响。lnDJ 对 NS 具有负向的影响，但是影响不显著。

表4-7　　　　　　　　　　　　模型回归结果

变量	系数	标准误	t值	P值
γ_t	110.7971	52.3841	1.1101	0.2748
lnHS	−6.3548	0.0006	−2.1924	0.0353**
lnGOLD	0.6742	5.1623	1.7856	0.0943*
lnDJ	−10.2456	0.0116	−0.1874	0.8525
lnOIL	−2.6073	4.1395	−2.4042	0.0218**
R^2=0.6573		调整的 R^2=0.6104		
F 值=3.8348		P 值=0.0112**		

注释：*、**、***分别代表在10%、5%、1%的显著性水平下显著。

综上研究可得：（1）从总体角度，上述 3 种回归模型在 1% 的显著性水平下均是显著的，即股市网络拓扑结构、国内宏观经济因素以及国际金融市场因素均对中国股市行业间 PMFG 网络的稳定性具有显著影响。从个体角度，不同指标对股市网络的稳定性影响的显著程度有所不同。（2）股市系统性风险越大、居民消费价格指数越高、货币供应量越大、伦敦黄金现价越高，则股市稳定性系数越大，即股市稳定性越差；网络平均路径长度越大、网络中心化程度越高、国内生产总值指数增长率越大、中国香港恒生指数越高、布伦特原油现价越高，则股市稳定性系数越小，即股市网络的稳定性越好。

4.6 本章小结

本书以中国股市中 24 个行业指数为研究对象，选取 2011—2020 年的数据为研究样本，首先基于 PMFG 算法构建中国股市行业间 PMFG 网络，并分别从网络拓扑结构特征、网络稳定性指标、网络鲁棒性以及网络稳定性影响因素等多种角度深入探讨中国股市行业间 PMFG 网络结构的稳定性，具体研究内容包括：股市行业间 PMFG 网络总体稳定性及系统性风险的动态分析、基于随机攻击和蓄意攻击的股市网络鲁棒性分析、网络稳定性的影响因素分析等。同时，考虑到近些年国内外极端金融事件对中国股市的冲击，本章以"2018 年中美贸易摩擦"事件为实际研究背景，基于实际遭受贸易制裁的行业板块，有针对性地提出混合攻击的方式对中国股市行业间 PMFG 网络进行仿真模拟分析，并由此分析中美贸易摩擦对中国股市整体稳定性的影响。主要结论如下：

（1）首先基于 PMFG 算法构建中国股市行业间 PMFG 网络，研究发现：①从网络中个体影响力的角度，可以发现中国股市中各行业的影响力呈现明显的无标度性特征，股市网络呈现明显的"核心-边缘"结构，具有重要影响力的行业在网络中处于核心位置，而影响力较小的行业处于网络中的边缘位置；②从网络整体拓扑结构的角度，中国股市行业间 PMFG 网络具有典型的小世界性特征，各行业间具有较强的股价波动联动效应，且各行业间具有明显的聚集特性，即中国股市中各行业间存在明显的"抱团"效应。

（2）为揭示中国股市稳定性的动态演变情况，采取动态滑动窗口分析法，将 2009—2018 年各季度作为滑动窗口的时间跨度，共构建 40 个股市行业间 PMFG 网络，并基于上述动态 PMFG 网络求解各阶段对应的网络稳定性系数（NS）和网络系统性风险指标（SR）。研究发现，中国股市稳定性较差且整体系统性风险较大的时间段共有 4 个：第一阶段，2009 年第一季度；第二阶段，2013 年第三季度至 2013 年第四季度；第三阶段，2015 年第二季度至 2016 年第一季度；第四阶段，2018 年第一季度至 2018 年第二季度。上述 4 个时间段均不同程度地受到各种极端金融事件的影响。由此可知，2008 年全球金融危机以及 2018 年中美贸易摩擦等国内外极端金融事件均对中国股票市场造成了不同程度的影响，从而引发股市的极端波动、系统性风险加剧、稳定性下降等多方面问题。

（3）为分析中国股市行业间 PMFG 网络的鲁棒性，选取网络崩溃程度指标和网络全局效率作为网络鲁棒性代表指标，首先，通过随机攻击和蓄意攻击的仿真模拟方式分析股市网络的鲁棒性。其次，考虑到近些年国内外极端金融事件对中国股市的冲击，以 2018 年中美贸易摩擦事件为实际研究背景，采取理论与实际相结合的方式，基于实际遭受贸易制裁的行业板块，有针对性地提出"混合攻击"的方式对网络进行鲁棒性分析，并由此分析 2018 年中美贸易摩擦事件对中国股市整体稳定性的影响。研究发现：①从随机攻击与蓄意攻击的视角，中国股市行业间 PMFG 网络对随机攻击具有较强的鲁棒性，但是对蓄意攻击具有脆弱性；国内外极端金融事件会明显降低中国股市行业间 PMFG 网络的鲁棒性，且 2015 年"股灾"事件比 2018 年"中美贸易摩擦"事件对股市网络鲁棒性的影响更大。②从"混合攻击"的视角，"混合攻击"模式对股市网络鲁棒性的破坏效率与程度介于随机攻击与蓄意攻击之间，且"混合攻击"模式更接近中美贸易摩擦对中国股市造成的实际影响，即美国贸易制裁措施促使中国股市行业间 PMFG 网络崩溃速度加快，从而使网络的鲁棒性下降并降低了中国股市的整体稳定性。

（4）针对现有文献对影响股票市场稳定性因素研究较少的现状，从多种角度分析影响中国股市稳定性的因素，将影响因素归纳为3类指标，分别是网络拓扑结构指标、国内宏观经济指标以及国际金融市场指标。研究发现：①从网络拓扑结构的角度，股市整体系统性风险对股市网络稳定性系数具有显著的正向影响，网络平均路径长度和网络中心化程度对股市网络稳定性系数具有显著的负向影响，而网络聚类系数对股市网络稳定性系数具有一定程度的负向影响，但是影响不显著；②从国内宏观经济指标的角度，国家经济发展水平对股市网络稳定性系数具有显著的负向影响，消费者物价指数和货币供应量对股市网络稳定性系数具有显著的正向影响，而国家进出口贸易总额对股市网络稳定性系数具有一定程度的负向影响，但是影响不显著；③从国际金融市场指标的角度，中国香港恒生股指涨跌情况与国际原油价格对股市网络稳定性系数具有显著的负向影响，国际金价水平对股市网络稳定性系数具有显著的正向影响，而美国道琼斯指数的涨跌情况对股市网络稳定性系数具有一定程度的负向影响，但是影响不显著。

第5章 基于波动溢出网络的股市行业系统重要性研究

5.1 问题提出

各行业板块是股票市场的重要参与者，行业指数是量化各行业板块涨跌情况的指标，对于股市投资者，行业指数既是量化各行业板块涨跌情况的指标，同时也是评估基金、理财等投资组合产品绩效的重要指标。行业间的风险传染渠道主要分为两类：第一种是实体间生产、经销、服务等实际关联项目导致的风险溢出渠道。第二种是市场投资者间的投资组合、金融资产交叉持有等投资交易行为导致的金融风险溢出渠道。不同行业板块由于行业自身特点受到全球经济环境、国内外政策、市场供需状况等因素的影响程度各不相同，行业板块间具有显著的风险溢出效应，且不同行业板块的风险传染能力各不相同。从行业板块的角度，股市系统性风险是指股市中的某行业板块遭遇国内外政策及经济环境等方面的不利因素的重大冲击时，其风险向股市中其他行业板块进行传染，导致其他行业板块甚至整个股市系统崩溃的风险。因此，有效识别股市中的系统重要性行业板块，即识别具有较强风险传染能力的行业板块及其对外的主要风险传染路径是把控系统性风险、维护股市稳定性的重要环节。

自 2008 年国际金融危机以来，有关系统性风险的度量与传染以及系统重要性金融机构（或行业）的有效识别等问题引起了学术界的广泛关注。学者们在金融系统重要性识别的研究中也取得了众多成果。例如，杨子晖等（2018）利用 VaR、MES、CoVaR 以及 ΔCoVaR 这 4 种模型度量了我国 A 股 56 家金融和房地产上市公司的系统性风险。朱衡等（2019）基于 MES、SRISK、ΔCoVaR 这 3 种模型从多种维度识别中国保险公司的系统重要性，并分析影响系统重要性的主要因素。李政等（2019）基于 ΔCoVaR 和 Exposure-ΔCoVaR 方法测度了我国金融机构的系统性风险并对其系统重要性与脆弱性进行了评估。关于从复杂网络视角度量系统性风险的实际应用，隋聪等（2014）从银行间违约传染的视角构建了银行间网络，基于计算仿真实验的模式分析银行总体系统性风险与银行网络拓扑结构的关系。研究发现，银行网络的集中度水平在一定程度上会影响银行违约风险传染（由大银行倒闭产生的风险）的可能性。

综上所述，在系统重要性的识别方向上，现有文献主要集中于应用 MES、CoVaR、SRISK 等市场模型测度金融系统性风险及分析影响系统性风险的因素，基于复杂网络理论分析系统重要性的研究相对较少，且这些基于网络分析的研究通常基于金融市场或金融机构之间价格指数的关联性构建无向金融关联网络，而较少基于有向信息溢出网络来研究金融系统重要性。在系统重要性的研究对象上，现有研究主要集中于金融市场、金融机构或单只股票的系统重要性，而对行业板块系统重要性的关注较少。

在此背景下，本章选取中国股市中 24 个行业板块（数据来源于 Wind 二级行业指数）作为研究对象，基于 GARCH-BEKK 模型、复杂网络模型、网络中心性指标、因子分析模型等理论，分别以静态及动态视角从多种角度深入探讨波动溢出关联视角下各行业的系统重要性，具体研究内容包括行业间波动溢出网络的构建、各行业对应的多种网络中心性的求解与排名分析、行业系统重要性综合评价指标构建及排名分析等，同时本章还分析了近些年的国内外极端金融事件对中国股市各行业系统重要性的影响。

本章在以下几个方面做出贡献：（1）以中国股市中 24 个行业指数为研究对象，选取 2011—2020 年的数据为研究样本，基于 GARCH-BEKK 模型识别各行业间的波动溢出关系并以季度为单位滑动时间窗口构建动态的中国股市行业间波动溢出网络。（2）基于动态的中国股市行业间波动溢出网络求解和行业对应的 5 种网络中心性指标（度中心性、接近度中心性、BetaReach 中心性、Bonacich 中心性、信息中心性）的动态演变状况，基于各中心性指标的衡量属性从多种角度分析各行业在网络中的影响力的动态演变。（3）基于 5 种网络中心性指标，通过因子分析方法构建网络系统重要性综合评价指标，并从动态视角分析各行业系统重要性在不同时段的排名及变动情况。（4）在动态分析过程中考虑到极端金融事件对股市的影响，即在分析中加入近些年国内外发生的极端金融事件对中国股市各行业系统重要性的影响研究。

本章的研究为金融监管部门和机构投资者有效识别股市中的系统重要性行业提供了一定参考，一方面有助于市场投资者在股市中配置权重资产时进行有效策略分析，另一方面有助于金融监管部门重点关注具有重要影响力的行业，在特殊时期对其进行相应政策干预以加强宏观审慎管理，严格把控金融市场的系统性风险，从而维护我国金融系统健康稳定发展。

5.2　数据选取与模型构建

5.2.1　数据选取

本章的研究样本为中国股票市场中 24 个行业指数（详细行业名称、节点标号及缩写见附录中的附表 A-1），样本数据来源于 Wind 二级行业指数。样本期间为 2011 年 1 月 4 日至 2020 年 12 月 31 日，数据频率为日频。行业指数的收益率序列由公式 $R_{i,t} = \ln(P_{i,t}) - \ln(P_{i,t-1})$ 计算得出，其中 $R_{i,t}$ 为行业指数 i 在第 t 日的对数收益率，$P_{i,t}$ 为行业指数 i 在第 t 日的收盘价。选取的研究样本期间覆盖了我国股市近些年历经的不同类型的重大波动行情，包括 2015 年"股灾"和 2018 年"中美贸易摩擦"等金融市场极端波动事件，在研究金融系统性风险的溢出效应时具有良好的代表性。经描述性统计检验发现：各行业指数的收益率均呈负偏特征；各行业指数收益率的高峰度数值表明各行业的指数收益率序列的分布属于非正态分布，呈胖尾特征；各行业指数收益率序列具有显著统计意义的 JB 检验值同样表明行业指数收益序列不呈正态分布；ADF 单位根检验结果（在 1% 显著性水平下拒绝单位根假设）表明所有收益率序列均具有稳定性。运用 Ljung-Box 统计量分别计算指数收益率和其平方过程滞后 10 期的检验结果，研究表明各行业指数收益率序列具有明显的相关性和 ARCH 效应。综上表明本章运用 GARCH-BEKK 模型分析行业间的波动溢出效应并依此构建行业间波动溢出网络具有合理性。

5.2.2 GARCH-BEKK模型

股票市场中不同行业板块间的波动溢出代表了行业板块之间的金融风险扩散现象，这种风险扩散会影响各行业板块的收益率及收益率的波动。与其他波动溢出模型相比，GARCH-BEKK 模型吸引人的优势在于以下两个方面：（1）它对变量之间的相关结构没有任何限制；（2）它可以保持条件协方差矩阵为正定矩阵。因此，我们选择 GARCH-BEKK 模型来估计行业间的波动溢出关系，并依此构建中国股市行业间的波动溢出网络。

根据 Bollerslev 等（1992）的研究结果，发现在 GARCH 模型中只选择一个单位的滞后就足以测算金融时间序列的方差动态，在双变量的 GARCH-BEKK 模型中，BEKK（1，1）模型中的均值方程为：

$$R(t) = \begin{bmatrix} R_1(t) \\ R_2(t) \end{bmatrix} = \begin{bmatrix} \mu_1(t) \\ \mu_2(t) \end{bmatrix} + \begin{bmatrix} \varphi_{11} & \varphi_{12} \\ \varphi_{21} & \varphi_{22} \end{bmatrix} \begin{bmatrix} R_1(t-1) \\ R_2(t-1) \end{bmatrix} + \begin{bmatrix} \varepsilon_1(t) \\ \varepsilon_2(t) \end{bmatrix} \tag{5.1}$$

式中，$R(t)$ 代表行业指数 1 和行业指数 2 在时刻 t 的对数收益率，ε_t

是方程的随机扰动向量，且 ε_t 的均值为 0，假设 ε_t 满足如下的条件异方差形式：

$$\varepsilon_t = H_t^{1/2}\eta_t \tag{5.2}$$

式中，$H_t = \left[h_{ij,t}\right]$ 是 ε_t 的条件协方差矩阵，η_t 是独立同分布的误差向量过程，且 $E\eta_t\eta_t' = I$，I 代表单位矩阵；$H_t^{1/2}$ 是矩阵根，方差方程的表达式如下：

$$H_t = CC' + A\varepsilon_{t-1}\varepsilon_{t-1}'A' + BH_{t-1}B' \tag{5.3}$$

式中，$C = \begin{bmatrix} c_{11} & 0 \\ c_{21} & c_{22} \end{bmatrix}$、$A = \begin{bmatrix} a_{11} & a_{12} \\ a_{21} & a_{22} \end{bmatrix}$、$B = \begin{bmatrix} b_{11} & b_{12} \\ b_{21} & b_{22} \end{bmatrix}$ 分别代表常系数矩阵、条件残差矩阵和条件协方差矩阵。矩阵 A 和矩阵 B 中的对角线元素（a_{11}，a_{22} 和 b_{11}，b_{22}）分别用来衡量来自行业自身的先前冲击和波动性影响；而矩阵 A 和矩阵 B 中的非对角线元素（a_{12}，a_{21} 和 b_{12}，b_{21}）分别用来衡量行业间（从行业 i 到行业 j）的冲击和波动性影响。

关于行业间波动溢出效应的检验，给定的原假设为 $a_{ij} = b_{ij} = 0$，通过极大似然估计（QML）方法进行参数估计，假设 ε_t 的条件分布遵循联合高斯分布，对数似然函数形式为：

$$L(\theta) = -\frac{1}{2}\sum_{t=1}^{T}\left[\ln\left|H_t(\theta)\right| + \varepsilon_t(\theta)'H_t^{-1}\varepsilon_t(\theta) + k\ln(2\pi)\right] \tag{5.4}$$

式中，L 为似然函数，θ 为待估参数的集合，T 为样本时间长度，k 为股市中行业板块的总数。

5.2.3 股市行业间波动溢出网络的构建方法

通过对 5.2.1 节中各行业间波动溢出效应的检验，构建股市行业板块间波动溢出网络 $G(V, E)$，其中 $V = \{v_1, v_2, ..., v_i\}$ 代表由股市各行业构成的顶点集合，$E = \{e_{12}, e_{23}, ..., e_{ij}\}$ 代表行业间波动溢出关系的边集合。根据已有文献提供的方法，本章通过 Wald 检验（显著性水平为 5%）来检验行业 i 与行业 j 间的波动溢出关系，如果行业 i 对行业 j 具有波动溢出效应，则 $e_{ij} = 1$，否则 $e_{ij} = 0$。为构建行业间波动溢出网络，需要建立并估计 $(N^2 - N)/2$ 个 GARCH-BEKK（1，1）模型，其中 N 为行业总数。

5.2.4　网络中心性

网络中心性代表节点在网络中的"中心"程度，即用来度量节点在网络中的系统重要性。近些年，网络中心性指标被广泛应用于金融网络系统重要性分析中。例如，Huang 等（2018）分别构建中国金融机构间收益率溢出网络及波动溢出网络，基于多种网络中心性指标构建网络综合中心性指数来衡量金融机构的系统重要性。研究发现，节点的网络综合中心性指数越大，其对应的金融机构的系统重要性越大。杨敏利和党兴华（2014）基于网络中心性研究了风险投资机构的网络位置对 IPO 期限的影响，研究发现，风险投资机构的网络中心性与 IPO 速度呈显著正相关关系。为分析股市行业板块系统重要性，选取度中心性、接近度中心性、Beta Reach 中心性、Bonacich 中心性、信息中心性这 5 种网络中心性指标从多角度分析各行业在股市中的中心性特征的动态变化情况，并基于这些中心性指标通过因子分析方法构建系统重要性综合评价指标，从而有效识别各行业的系统重要性及其动态演变特征。

在行业间波动溢出网络中，上述 5 种网络中心性指标对行业系统重要性的侧重方向各不相同。其中，DC 侧重于度量节点对邻居节点的直接影响力，节点 v_i 的 DC_i 越大，则其对应的行业板块在股市中的风险承受能力或风险传染能力越强；CC 侧重于度量节点 v_i 在网络中影响其他节点的传播速度，节点 v_i 的 CC_i 越大，则其对应的行业板块在股市中受其他行业板块风险传染的速度或向其他行业传染风险的速度越快；BRC 侧重于度量节点 v_i 在网络中关联其他节点的广泛程度，节点 v_i 的 BRC_i 越大，则其对应的行业板块在股市中遭受来自其他行业的风险或向其他行业传染风险的路径越多；节点 v_i 的 BC_i 取决于与其直接关联的其他节点 v_j 的 BC_j，即节点对应的行业板块的风险承受能力或风险传染能力取决于与之有直接关联的其他行业板块；节点 v_i 的 IC_i 侧重于度量将节点 v_i 从网络中移除后引起的网络效率的相对下降，节点 v_i 的 IC_i 越大，则其对应的行业板块在股市中遭受风险时对整个股市的影响越大。

5.2.4.1 度中心性

在股市行业间波动溢出网络中，节点 v_i 的度中心性 DC_i 如式（5.5）所示，式中，e_{ij} 表示从节点 v_i 到节点 v_j 的连接数，n 为节点的总数。度中心性只考虑与目标节点直接关联的节点而不考虑间接关联的节点，度中心性侧重于度量节点 v_i 对与其相邻的网络中的其他节点的直接影响力，节点 v_i 的度中心性越大，则其对应行业的局部对外风险传染力越大。

$$DC_i = \frac{1}{n-1} \sum_{j=1}^{n} e_{ij} \tag{5.5}$$

5.2.4.2 接近度中心性

在股市行业间波动溢出网络中，节点 v_i 的接近度中心性 CC_i 如式（5.6）所示，式中 d_{ij} 代表从节点 v_i 到节点 v_j 的最短距离。接近度中心性侧重于度量节点 v_i 在网络中影响其他节点的传播速度，节点 v_i 的接近度中心性越大，说明该节点到网络中（不仅仅限于与该节点邻接的节点）其他节点的距离越小，则其对应的行业的全局对外风险传染速度越快。

$$CC_i = \frac{1}{\sum_{j=1}^{n} d_{ij}} \tag{5.6}$$

5.2.4.3 Beta Reach 中心性

在股市行业间波动溢出网络中，节点 v_i 的 Beta Reach 中心性 BRC_i 如式（5.7）所示，式中 β 为常数，n 为节点总数，a_{ij} 为节点 v_i 通过 j 条边可到达网络中其他节点的数量。Beta Reach 中心性侧重于度量节点 v_i 在网络中关联其他节点的广泛程度。节点 v_i 的 Beta Reach 中心性越大，则其对应行业能够广泛地受到其他行业的影响或对其他行业产生影响，即该行业的对外风险传染路径越多。

$$BRC_i = \frac{1}{n-1} \sum_{j=1}^{n-1} \beta^{(j-1)a_{ij}} \tag{5.7}$$

5.2.4.4 Bonacich 中心性

Bonacich 中心性与其他网络中心性具有明显差别，该指标以网络整体拓扑结构为标的并充分考虑其他节点的影响而不再只关注网络的局部中心结构，并依此找到网络中心节点。股市行业间波动溢出网络中，节

点 v_i 的 Bonacich 中心性 BC_i 如式（5.8）所示，式中 e_{ij} 为节点 v_i 到节点 v_j 的连边，α 和 β 为常数。节点 v_i 的 Bonacich 中心性取决于与其直接关联的其他节点的 Bonacich 中心性，从风险传染的角度，Bonacich 中心性可用来度量节点邻近网络中存在风险主要传染源的可能性大小，节点 v_i 的 Bonacich 中心性越大，则其对应的行业受股市中风险主要传染源的影响越大。

$$BC_i = \sum_{j=1}^{N} e_{ij} (\alpha + \beta BC_j) \tag{5.8}$$

5.2.4.5　信息中心性

信息中心性主要是根据网络中节点对之间所有可能路径中包含的信息来衡量节点的重要性。节点所携带的信息不仅包含它自己，还包括它直接联系到邻居节点的边，因此节点的信息中心性与网络效率密切相关。股市行业间波动溢出网络中，网络 G 的网络效率为 $E(G)$，节点 v_i 的信息中心性 IC_i 被定义为因网络中节点 v_i 出现故障（即在网络中移除该节点及与该节点直接相连的所有连边）所引起的网络效率的相对下降程度，如式（5.9）所示，式中 G'_i 为网络 G 中删除节点 v_i 后的子图，$E(G'_i)$ 为子图 G'_i 的网络效率。信息中心性侧重于度量节点 v_i 在网络中对信息传递效率的影响程度。节点 v_i 的 IC_i 越大，则其对应的行业能够导致网络中的风险在行业间能够更高效地传递。

$$IC_i = \frac{E(G) - E(G'_i)}{E(G)} \tag{5.9}$$

5.3　股市行业系统重要性研究

5.3.1　股市行业间波动溢出网络构建

本节基于 GARCH-BEKK 模型及 Wald 检验分析行业间的波动溢出效应，并依此构建股市行业板块间的波动溢出网络，为揭示股市中各行业板块的系统重要性及其动态变化情况，需要构建动态行业间波动溢出网络，本章采取动态滑动窗口分析法，以 2011—2020 年各季度作为滑动窗口的时间跨度，共构建40个股市行业板块间波动溢出网络。

5.3.2　网络整体拓扑结构分析

研究中国股市行业间波动溢出网络的整体结构特征，有助于了解中国股市行业板块之间整体波动溢出关联特征、行业间波动溢出关联聚集特性、风险波动溢出路径以及风险波动溢出效率等。对理解中国股市行业板块间的风险传染机制具有重要的现实意义。

表5-1给出了2011—2020年中国股市行业间波动溢出网络的网络拓扑结构指标的统计结果。可以发现，样本期间内网络的连通性的均值为0.856，最小值为0.703，最大值为1，说明从总体角度来看中国股市行业间的波动溢出的关联程度较高，即中国股市行业板块间存在明显的风险波动溢出效应。网络平均路径长度的均值、最大值、最小值分别为1.740、1.866、1.591，网络直径的均值、最大值、最小值分别为4.714、5、4，小世界性指数的均值、最大值、最小值分别为1.713、2.107、1.496，上述3种指标表明中国股市行业间波动溢出网络具有典型的小世界性特征，即因某行业板块突发异常所产生的风险能够以较短的传染路径迅速地扩散至其他行业板块，并通过网络关联结构迅速对中国股市整体造成明显影响。网络全局聚集系数主要用于评价网络中整体的集聚程度，本书用于评估股市中行业板块间的"抱团"程度，样本期间内网络全局聚集系数的均值、最大值、最小值分别为0.622、0.653、0.576，且标准差只有0.031，说明中国股市行业间波动溢出网络在样本期间内均具有明显的聚集特性，即中国股市中各行业板块间存在明显的"抱团"效应。网络密度的均值、最大值、最小值分别为0.440、0.486、0.362，这种结果一方面表明各行业板块之间的波动溢出关联总数目并不多，但是根据上述结论可知网络具有较高连通性，即行业间的波动溢出关联路径具有较高效率，冗余关联数较少；另一方面表明最大值和最小值之间具有一定差距，但是网络密度的标准差只有0.047，这说明行业板块间的波动溢出关联数在样本期间内不同阶段存在一定的波动但整体趋势保持相对稳定。

表5-1　　　　　　　　　网络拓扑结构指标统计（年内均值）

	网络密度	全局聚集系数	平均路径长度	网络直径	小世界性指数	网络连通性
均值	0.440	0.622	1.740	4.714	1.713	0.856
中位数	0.460	0.634	1.754	5.000	1.591	0.841
最大值	0.486	0.653	1.866	5.000	2.107	1.000
最小值	0.362	0.576	1.591	4.000	1.496	0.703
标准差	0.047	0.031	0.089	0.488	0.240	0.120

5.3.3　网络中心性分析

在5.3.2节中，对行业间波动溢出网络进行了整体拓扑结构分析，主要从整体角度了解中国股市行业板块间的波动溢出关联特征以及风险溢出路径等。本节旨在从个体角度探究网络中各行业板块间的风险溢出规律以及各行业在风险溢出过程中的具体作用，从而有效识别中国股市中的系统重要性行业。

已有研究表明，金融复杂网络具有典型的无标度性，即网络中仅存在少数具有重要作用的节点，这些节点在网络中具有影响网络整体的连通性、关联性、稳定性、网络效率的关键作用，称之为"Hub节点"，衡量一个节点是否为"Hub节点"与网络的中心性密切相关，衡量网络中节点的系统重要程度的指标主要有度中心性、接近度中心性、Beta Reach中心性、Bonacich中心性以及信息中心性，各种网络中心性指标对应的经济含义及对节点的重要程度的评价角度各有不同，本节基于5.3.1节中所构建的40个股市行业间波动溢出网络，综合运用以上5种网络中心性指标来识别网络中的系统重要性行业的动态演变特征。此外，由于样本期间内发生的众多国内外极端金融事件均不同程度地冲击了中国股票市场，从而引发股市的极端波动、稳定性下降、系统性风险加剧等多方面问题。因此，本章在实证研究中增加了国内外极端金融事件对股市行业系统重要性的影响研究。

5.3.3.1 度中心性分析

度中心性只考虑与目标节点直接关联的节点而不考虑间接关联的节点。因此，度中心性侧重于度量节点在网络局部中对与其相邻的网络中的其他节点的直接影响能力，即衡量节点所对应的行业在股市中的局部风险传染能力。

各行业度中心性指标的动态演变情况如图5-1所示，通过热力图中颜色的变化特征可以清晰了解各行业在样本期间内的局部风险传染能力及动态演变特征，图中方格内的具体数字表达传染能力。可以发现：（1）在同一时间点，各行业度中心性指标的颜色分布具有明显的差别，即在固定时间范围内各行业对其他行业的局部风险传染能力具有明显差别；（2）同一行业的度中心性指标的颜色分布在不同时段内呈现出明显区别，即各行业对其他行业的局部风险传染能力具有明显的时变演化特征；（3）从总体角度，通过行业的度中心性指标的颜色分布，可以发现中国股市中行业的风险传染能力呈现明显的无标度特性，只有极少数行业在股市中具有决定性的局部风险传染影响力。

通过一些行业（材料、资本货物、耐用消费品与服装、技术硬件与设备）的度中心性指标在样本期间内对应的数字可以发现，这些行业在样本期间内始终具有较高的局部风险传染能力，且样本期间内发生的国内外极端金融事件对这些行业的局部风险传染能力具有一定程度的影响，即这些行业的风险溢出强度对外界因素冲击具有较高的敏感性。例如，在2013年"钱荒"时期（对应窗口9~12）、2015年"股灾"时期（对应窗口17~22）及2018年中美贸易摩擦时期（对应窗口29~34），材料、资本货物、耐用消费品与服装这3个行业的度中心性指标均发生了不同程度的明显提升，即这些行业的局部风险传染能力在以上两次金融危机中显著提高。

通过一些行业（能源，消费者服务，食品、饮料与烟草，家庭与个人用品，医疗保健设备与服务，银行，多元金融，保险，电信服务）的度中心性指标在样本期间内对应的数字可以发现，这些行业在样本期间内始终具有较弱的局部风险传染能力，在股市中通常作为风险的主要承受者，且样本期间内发生的国内外极端金融事件对这些行业的局部风险传染能力的影响较小，即这些行业的局部风险传染能力对外界因素冲击具有较低的敏感性。

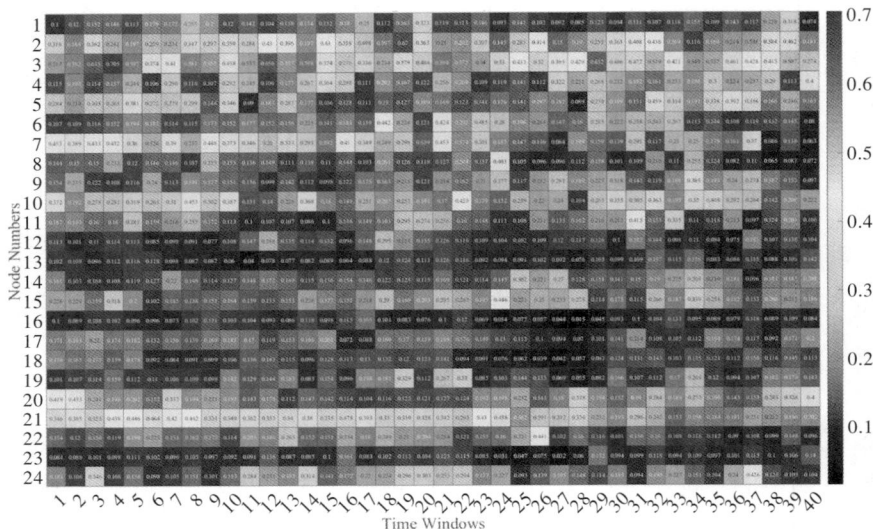

图5-1 各行业度中心性（DC）指标的动态演变热力图

注释：图5-1以热力图的形式揭示了24个行业的度中心性在样本期间内的动态演变特征，其中横轴（X轴）表示时间窗口，单个窗口的时间跨度为1个季度，纵轴（Y轴）表示各行业对应的节点编号（各节点编号对应的具体行业如附表A-1所示），图中各方格内的数字代表各行业度中心性指标的数值。

一些行业（商业和专业服务，运输，零售业，食品与主要用品零售，制药、生物科技与生命科学，软件与服务，公用事业）的度中心性指标在样本期间内对应的颜色变化显著，即这些行业在样本期间内对股市中其他行业的局部风险传染能力呈现明显的动态性变化，且这种变化在历经国内外极端金融事件时表现得尤其明显，即这些行业的局部风险传染能力对外界因素冲击具有较高敏感性。

各行业度中心性指标的数值大小揭示了各行业的局部风险传染能力的绝对水平，但是不方便直接揭示股市中各行业的局部风险传染能力的相对水平。为此，对各行业度中心性指标在样本期间内的不同时段进行了动态排名（如图5-2所示），通过热力图的变化特征可以清晰了解各行业在样本期间内的局部风险传染能力的排名情况（即衡量各行业在股市中的局部风险传染能力的相对水平）及动态演变特征。本节中，选取各时间窗口中度中心性指标排名前5的节点为"Hub节点"，各时期中"Hub节点"对应的行业为该时期的系统重要性行业。

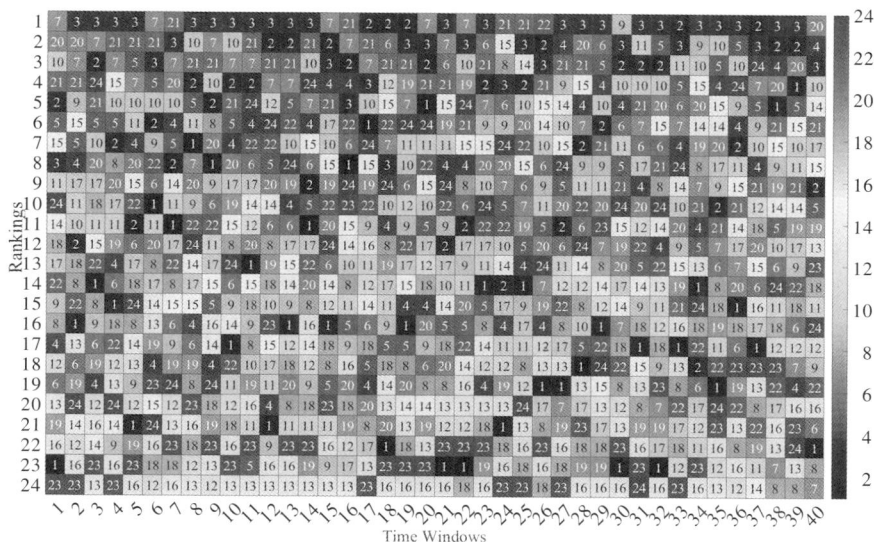

图5-2　各行业度中心性（DC）指标排名的动态演变热力图

注释：图5-2以热力图的形式揭示了24个行业的度中心性排名在样本期间内的动态演变特征，其中横轴（X轴）表示时间窗口，单个窗口的时间跨度为1个季度，纵轴（Y轴）由上至下（从1到24）分别表示各行业度中性由大到小的排名（从第1到第24），图中方格内的数字代表各行业对应的节点编号。

在总共的40个时间窗口中，共有15个行业（资本货物、技术硬件与设备、材料以及耐用消费品与服装等）在样本期间内成为过"Hub节点"，其中资本货物行业在样本期间内共有36次成为"Hub节点"，在所有行业中排名第1位，即在样本期间内资本货物行业在中国股市的所有行业中具有最大的局部风险传染能力。成为"Hub节点"次数排名第2～5位的行业分别是技术硬件与设备（28次）、材料（23次）、耐用消费品与服装（22次）、零售业（19次），即这些行业具有较高水平的局部风险传染能力。成为"Hub节点"次数排名第6～15位的行业分别是运输（11次），制药、生物科技与生命科学（8

次），软件与服务（7次），商业和专业服务（6次），汽车与汽车零部件（6次），公用事业（6次），媒体（5次），医疗保健设备与服务（3次），食品、饮料与烟草（2次），半导体与半导体生产设备（1次），即这些行业具有中等水平的局部风险传染能力。而其余9个行业在样本期间内从未成为过"Hub节点"，即这些行业具有较低水平的局部风险传染能力。

在股市受到国内外极端金融事件影响的特殊时期共有14个行业（资本货物、材料以及技术硬件与设备等）在样本期间内成为过"Hub节点"，其中，资本货物行业在特殊时期内共有19次成为"Hub节点"，在股市受到国内外极端金融事件冲击的时期同样具有最大的局部风险传染能力，成为"Hub节点"次数排名第2~5位的行业分别是材料（15次）、技术硬件与设备（13次）、耐用消费品与服装（10次）、零售业（10次），即这些行业具有较高水平的局部风险传染能力。排名第6~14位的行业分别是软件与服务（5次），汽车与汽车零部件（4次），运输（4次），公用事业（3次），媒体（2次），制药、生物科技与生命科学（2次），食品与主要用品零售（2次），房地产（2次），食品、饮料与烟草（1次），即这些行业在股市处于极端波动时期具有中等水平的局部风险传染能力。而其余10个行业在样本期间内从未成为过"Hub节点"，即这些行业在股市处于极端波动时期具有较低水平的局部风险传染能力。

5.3.3.2 接近度中心性分析

与度中心性的度量角度有所不同，接近度中心性侧重于度量节点在网络中影响其他节点（不仅仅限于与该节点邻接的节点）的传播速度，即衡量节点对应的行业在股市中的全局风险传染速度。

各行业接近度中心性指标的动态演变情况如图5-3所示，通过热力图的变化特征可以清晰了解各行业在样本期间内的全局风险传染速度及动态演变特征。可以发现：（1）在同一时间点，各行业接近度中心性指标的颜色分布具有明显的差别，即在固定时间范围内各行业对其他行业的全局风险传染速度具有明显差别；（2）同一行业的接近度中心性指标的颜色分布在不同时段内呈现出明显区别，即各行业对其他行业的全局风险传染速度具有明显的时变演化特征；（3）从总体角度，通过行业的接近度中心性指标的颜色分布可以发现中国股市中各行业的全局风险传染速度同样具有无标度特性，只有极少数行业在股市中具备极高水平的全局风险传染速度；（4）在样本期间内，大部分行业的接近度中心性指标的数值均大于0.5，只有极少部分行业的接近度中心性指标在部分时期的数值小于0.4，说明风险在股市中的所有行业板块间具有较高的传染速度，各行业在全局风险过程中均发挥了一定程度的作用。

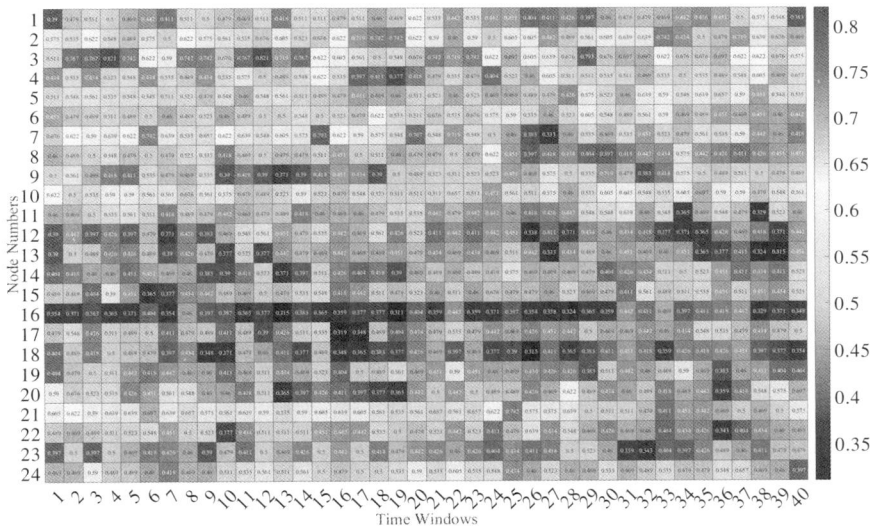

图5-3　各行业接近度中心性（CC）指标的动态演变热力图

注释：图5-3以热力图的形式揭示了24个行业的接近度中心性指标在样本期间内的动态演变特征，其中横轴（X轴）表示时间窗口，单个窗口的时间跨度为1个季度，纵轴（Y轴）表示各行业对应的节点编号（各节点编号对应的具体行业如附表A-1所示），图中各方格内的数字代表各行业接近度中心性指标的数值。

通过一些行业（材料、资本货物、耐用消费品与服装、技术硬件与设备、零售业）的接近度中心性指标在样本期间内对应的数字，可以发现这些行业在样本期间内始终具有较高的全局风险传染速度，且样本期间内发生的国内外极端金融事件对这些行业的全局风险传染速度具有一定程度的影响。这些行业的接近度中心性在股市处于极端波动时期均有一定程度的提升，即这些行业在股市中的全局风险传染速度对国内外政治、经济以及政策等外界因素的冲击具有较高敏感性。

通过一些行业（食品、饮料与烟草，家庭与个人用品，医疗保健设备与服务，银行，多元金融，保险，电信服务）的接近度中心性指标在样本期间内对应的数字，可以发现这些行业在样本期间内始终具有较弱的全局风险传染速度，在股市中通常作为风险的主要承受者，且样本期间内发生的各类极端金融事件对这些行业的全局风险传染速度的影响较小，即这些行业的全局风险传染速度对国内外政治、经济及政策等各类外界因素的冲击具有较低敏感性。

一些行业（能源，商业和专业服务，运输，汽车与汽车零部件，消费者服务，媒体，食品与主要用品零售，制药、生物科技与生命科学，房地产，软件与服务，公用事业）的接近度中心性指标在样本期间内对应的颜色变动情况比较显著，这些行业在样本期间内对股市中其他行业的全局风险传染速度具有较强的时变性，且这种变化在历经国内外极端金融事件时表现得尤其明显，即这些行业的全局风险传染速度对外界因素冲击具有较高敏感性。

各行业接近度中心性指标的数值揭示了各行业的全局风险传染速度的绝对水平，却无法显示各行业全局风险传染速度的相对水平。为此，对各行业接近度中心性指标在样本期间内的不同时段进行了动态排名（如图5-4所示），通过热力图的变化特征来衡量各行业在股市中的全局风险传染速度的相对水平及其动态演变特征。选取各时间窗口中接近度中心性指标排名前5的节点为"Hub节点"，各时期中"Hub节点"对应的行业为该时期的系统重要性行业。

在总共的40个时间窗口中，共有19个行业（资本货物、材料、技术硬件与设备以及耐用消费品与服装等）在样本期间内成为过"Hub节点"，与度中心性指标相比，在以接近度中心性指标作为系统重要性的度量标准时，更多的行业在样本期间内成为过"Hub节点"，即各行业的全局风险传染速度的时变性相对更强，受时间周期的影响相对更大。与度中性分析中一致，在样本期间内成为过"Hub节点"排名前5的行业仍旧是资本货物（38次）、材料（26次）、技术硬件与设备（24次）、耐用消费品与服装（24次）、零售业（19次），在样本期间内这5个行业在中国股市的所有行业中具有绝对领先的全局风险传染速度。成为"Hub节点"次数排名第6～19位的行业分别是汽车与汽车零部件（9次），软件与服务（8次），公用事业（8次），运输（7次），食品与主要用品零售（6次），商业和专业服务（6次），媒体（4次），制药、生物科技与生命科学（4次），食品、饮料与烟草（3次），消费者服务（2次），房地产（2次），半导体与半导体生产设备（2次），医疗保健设备与服务（1次）以及多元金融（1次），即这些行业具有中等水平的全局风险传染速度。而其余5个行业在样本期间内从未成为过"Hub节点"，即这些行业具有较低水平的全局风险传染速度。

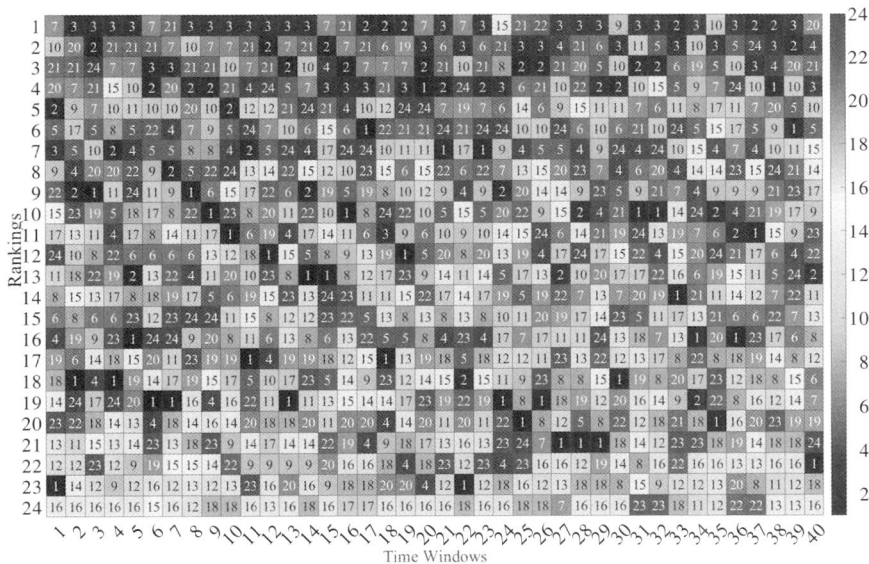

图5-4 各行业接近度中心性（CC）指标排名的动态演变热力图

注释：图5-4以热力图形式揭示了24个行业的接近度中心性排名在样本期间内的动态演变特征，其中横轴（X轴）表示时间窗口，单个窗口的时间跨度为1个季度，纵轴（Y轴）由上至下（从1到24）分别表示各行业接近度中心性由大到小的排名（从第1到第24），图中各方格内的数字代表各行业对应的节点编号。

在股市处于极端波动时期，共有14个行业（资本货物、材料、耐用消费品与服装及零售业等）在样本期间内成为过"Hub 节点"，其中资本货物行业在特殊时期内共有 19 次成为"Hub 节点"，在股市受到国内外极端金融事件冲击的时期具有最大的全局风险传染速度，成为"Hub 节点"次数排名第 2～5 位的行业分别是材料（15 次）、耐用消费品与服装（10 次）、零售业（9 次）、技术硬件与设备（7 次），即这些行业在股市处于极端波动时期具有较高水平的全局风险传染速度。成为"Hub 节点"次数排名第 6～14 位的行业分别是汽车与汽车零部件（5 次）、公用事业（5 次）、运输（4 次）、食品与主要用品零售（4 次）、房地产（3 次）、软件与服务（3 次）、食品、饮料与烟草（3 次）、媒体（2 次）、制药、生物科技与生命科学（1 次），即这些行业在股市处于极端波动时期具有中等水平的全局风险传染速度。而其余 10 个行业在样本期间内从未成为过"Hub 节点"，即这些行业在股市处于极端波动时期具有较低水平的全局风险传染速度。

5.3.3.3 Beta Reach 中心性分析

Beta Reach 中心性侧重于度量节点在网络中关联其他节点的广泛程度。节点的 Beta Reach 中心性越大，则其对应行业能够广泛地受到其他行业的影响或对其他行业产生影响，即该行业的对外风险传染路径越多。

各行业的 Beta Reach 中心性指标的动态演变情况如图 5-5 所示，通过热力图的变化特征可以清晰了解各行业在样本期间内的对外风险传染路径数量及动态演变特征。可以发现：（1）在同一时间点，各行业的 Beta Reach 中心性指标的颜色分布具有明显的差别，即在固定时间范围内各行业对其他行业的对外风险传染路径数量具有明显差别。（2）同一行业的 Beta Reach 中心性指标的颜色分布在不同时段内呈现出明显区别，即各行业对其他行业的风险传染路径数量具有明显的时变演化特征。（3）从总体角度，通过行业的 Beta Reach 中心性指标的颜色分布，可以发现中国股市中各行业的对外风险传染路径数量同样具有无标度特性，只有极少数行业在股市中具有大量的对外风险传染路径。（4）在 2017 年（对应窗口 25～28），通过各行业的 Beta Reach 中心性指标的数值，可以发现各行业在该阶段的对外风险传染路径数量具有样本期间内的最低水平，说明中国股市中各行业间的风险传染路径数量在2017年具有较低水平，股市在该时期处于比较平稳的状态。（5）在2015年"股灾"时期（对应窗口17～22）及2018年中美贸易摩擦时期（对应窗口29～34），通过各行业的Beta Reach中心性指标的数字，可以发现各行业在该阶段的对外风险传染路径数量具有样本期间内的较高水平，说明中国股市中各行业间的风险传染路径数量在2015年"股灾"时期及2018年中美贸易摩擦时期具有较高水平，说明股市在这两个时期的稳定性较差。

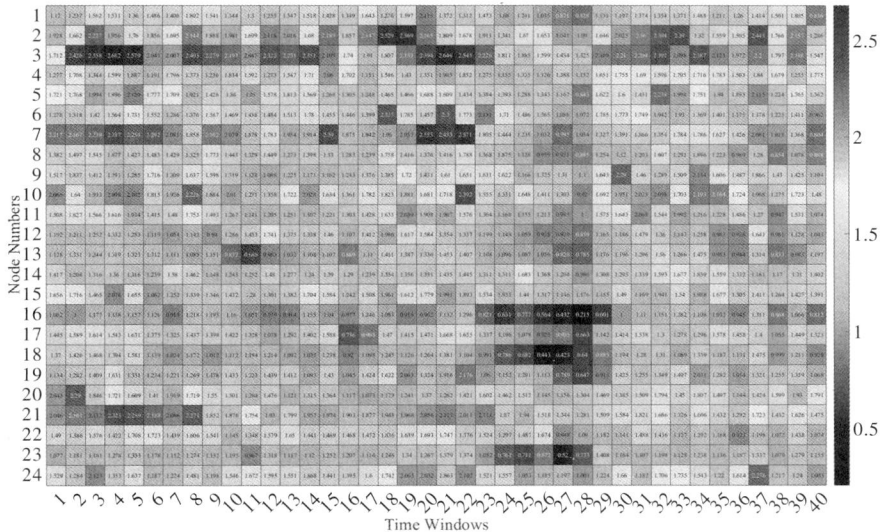

图5-5　各行业Beta Reach中心性（BRC）指标的动态演变热力图

注释：图5-5以热力图的形式揭示了24个行业的Beta Reach中心性指标在样本期间内的动态演变特征，其中横轴（X轴）表示时间窗口，单个窗口的时间跨度为1个季度，纵轴（Y轴）表示各行业对应的节点编号（各节点编号对应的具体行业如附表A-1所示），图中各方格内的数字代表各行业Beta Reach中心性指标的数值。

通过一些行业（材料、资本货物、耐用消费品与服装、技术硬件与设备、零售业）的Beta Reach中心性指标在样本期间内对应的数字，可以发现这些行业在样本期间内始终具有较多的对外风险传染路径，且样本期间内发生的国内外极端金融事件对这些行业的全局风险传染速度具有一定程度的影响。这些行业的 Beta Reach 中心性在股市处于极端波动时期均有一定程度的提升，即这些行业在股市中的对外风险传染路径数量对国内外政治、经济、政策等外界因素的冲击具有较高敏感性。

通过一些行业（家庭与个人用品、银行、多元金融、保险、房地产）的 Beta Reach 中心性指标在样本期间内对应数字，可以发现在样本期间内始终具有较少的对外风险传染路径，且样本期间内发生的各类极端金融事件对这些行业的对外风险传染路径的影响较小，即这些行业的对外风险传染路径对各类外界因素的冲击具有较低敏感性。

其余大部分行业的 Beta Reach 中心性在样本期间内对应的颜色变动情况比较显著，其中能源、商业和专业服务、运输、汽车与汽车零部件、房地产以及公用事业这几个行业的变动频率和幅度最高，即这些行业在样本期间内对股市中其他行业的风险传染路径数量具有较强时变性，且这种变化在历经国内外极端金融事件时表现得尤其明显，即这些行业的对外风险传染路径对外界因素冲击具有较高敏感性。

各行业的 Beta Reach 中心性在样本期间内的不同时段的动态排名如图 5-6 所示，通过热力图的变化特征来衡量各行业在股市中的对外风险传染路径的相对水平及其动态演变特征。取各时间窗口中接近度中心性排名前 5 的节点为"Hub 节点"，各时期中"Hub 节点"对应的行业为该时期的系统重要性行业。

在总共的 40 个时间窗口中，共有 18 个行业（资本货物、材料、技术硬件与设备以及耐用消费品与服装等）在样本期间内成为过"Hub 节点"，可以发现各行业的对外风险传染路径的时变性较强。与度中心性和接近度中心性的分析一致，在样本期间内成为过"Hub 节点"排名前 5 的行业仍旧是资本货物（37 次）、材料（26 次）、技术硬件与设备（24 次）、耐用消费品与服装（23 次）、零售业（22 次），在样本期间内这 5 个行业在中国股市的所有行业中具有最高水平的对外风险传染路径数量。成为"Hub 节点"次数排名第 6~18 位的行业分别是商业和专业服务（8 次），运输（8 次），汽车与汽车零部件（8 次），制药、生物科技与生命科学（7次），软件与服务（7次），公用事业（7次），媒体（4次），房地产（3次），食品、饮料与烟草（2次），食品与主要用品零售（1次），医疗保健设备与服务（1次），半导体与半导体生产设备（1次）及电信服务（1次），即这些行业具有中等水平的对外风险传染路径数量。而其余6个行业在样本期间内从未成为过"Hub节点"，即这些行业具有较低水平的对外风险传染路径数量。

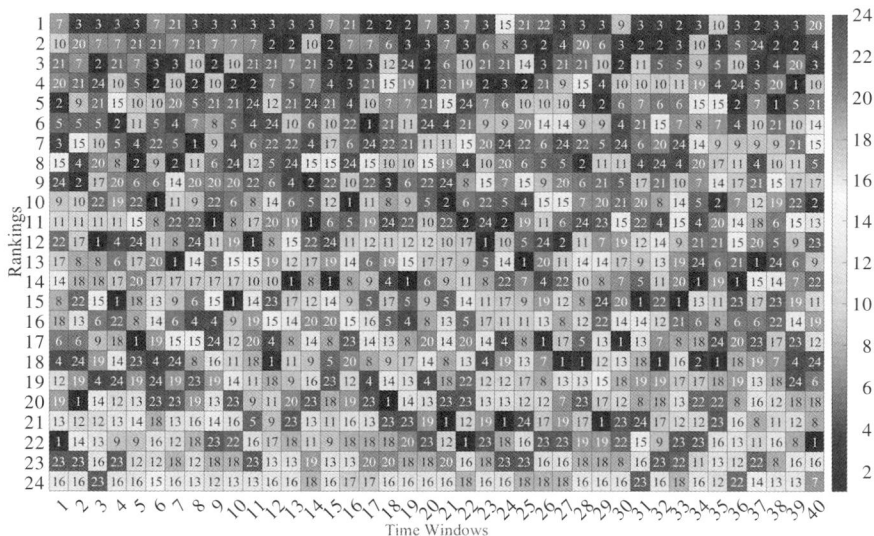

图5-6　各行业Beta Reach中心性（BRC）指标排名的动态演变热力图

注释：图5-6以热力图的形式揭示了24个行业的Beta Reach中心性指标的排名在样本期间内的动态演变特征，其中横轴（X轴）表示时间窗口，单个窗口的时间跨度为1个季度，纵轴（Y轴）由上至下（从1到24）分别表示各行业BetaReach中心性由大到小的排名（从第1到第24），图中各方格内的数字代表各行业对应的节点编号。

在股市处于极端波动时期，共有14个行业（资本货物、材料以及耐用消费品与服装等）在样本期间内成为过"Hub节点"，其中成为"Hub节点"次数排名前5位的行业分别是资本货物（19次）、材料（16次）、耐用消费品与服装（12次）、零售业（10次）、技术硬件与设备（9次），即这些行业在股市处于极端波动时期具有较高水平的对外风险传染路径数量。成为"Hub节点"次数排名第6～14位的行业分别是汽车与汽车零部件，运输，房地产，软件与服务，公用事业，商业和专业服务，媒体，食品与主要用品零售，食品、饮料与烟草，即这些行业在股市处于极端波动时期具有中等水平的对外风险传染路径数量。而其余 10 个行业在样本期间内从未成为过"Hub 节点"，即这些行业在股市处于极端波动时期时具有较低水平的对外风险传染路径数量。

5.3.3.4　Bonacich 中心性分析

Bonacich 中心性侧重于度量网络中某节点邻近网络中的风险主要传染源的可能性大小，节点的 Bonacich 中心性越大，则其对应的行业受股市中风险主要传染源的影响程度越大。

各行业的 Bonacich 中心性指标的动态演变情况如图 5-7 所示，通过热力图的变化特征可以清晰了解各行业在样本期间内受到风险主要传染源的影响程度及动态演变特征。可以发现：（1）在同一时间点，各行业的 Bonacich 中心性指标的颜色分布具有明显的差别，即在固定时间范围内各行业受到风险主要传染源的影响程度具有明显差别；（2）同一行业的 Bonacich 中心性指标的颜色分布在不同时段内呈现出明显区别，即各行业受到风险主要传染源的影响程度具有明显的时变演化特征；（3）从总体角度，通过各行业的 Bonacich 中心性指标的颜色分布，可以发现中国股市中各行业受到风险主要传染源的影响程度同样具有无标度特性，只有极少数行业在股市中受到风险主要传染源的影响程度较大。

通过一些行业（材料、资本货物、耐用消费品与服装）的 Bonacich 中心性指标在样本期间内对应的数字，可以发现这 3 个行业在样本期间内受风险主要传染源的影响程度较大，且样本期间内发生的国内外极端金融事件对这些行业受到风险主要传染源的影响程度具有一定影响。这些行业的 Bonacich 中心性在股市处于极端波动时期均有一定程度的提升，即这些行业在股市中受到风险主要传染源的影响程度对国内外政治、经济及政策等外界因素的冲击具有较高敏感性。

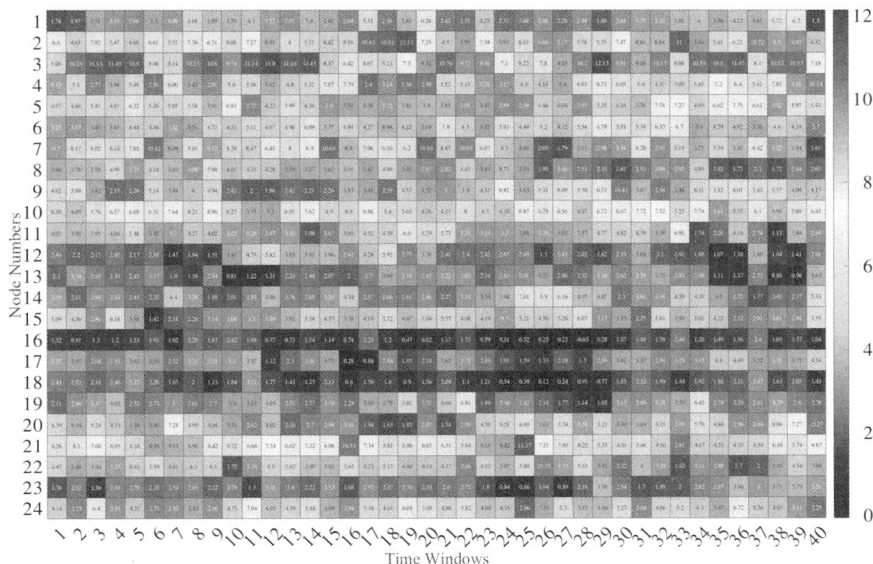

图 5-7 各行业 Bonacich 中心性（BC）指标的动态演变热力图

注释：图 5-7 以热力图的形式揭示了 24 个行业的 Bonacich 中心性指标在样本期间内的动态演变特征，其中横轴（X 轴）表示时间窗口，单个窗口的时间跨度为 1个季度，纵轴（Y 轴）表示各行业对应的节点编号（各节点编号对应的具体行业如附表 A-1 所示），图中各方格内的数字代表各行业 Bonacich 中心性的数值。

通过一些行业（能源，食品、饮料与烟草，家庭与个人用品，医疗保健设备与服务，制药、生物科技与生命科学，银行，多元金融，保险，房地产）的 Bonacich 中心性指标在样本期间内对应的数字，可以发现在样本期间内受到风险主要传染源的影响程度始终较小，且样本期间内发生的各类极端金融事件对这些行业受到风险主要传染源的影响程度造成的冲击较小，即这些行业受到风险主要传染源的影响程度对各类外界因素的冲击具有较低敏感性。

各行业 Bonacich 中心性指标在样本期间内的不同时段的动态排名如图 5-8 所示，通过热力图的变化特征来衡量各行业在股市中受到风险主要传染源的影响程度的相对水平及其动态演变特征。选取各时间窗口中 Bonacich 中心性指标排名前 5 的节点为"Hub 节点"，各时期中"Hub节点"对应的行业为该时期的系统重要性行业。

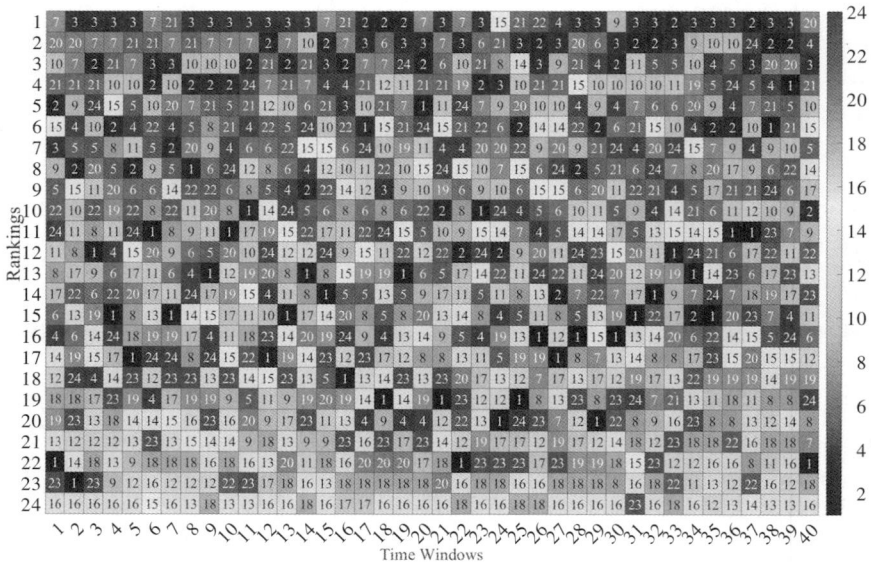

图 5-8　各行业 Bonacich 中心性（BC）指标排名的动态演变热力图

注释：图 5-8 以热力图的形式揭示了 24 个行业的 Bonacich 中心性指标的排名在样本期间内的动态演变特征，其中横轴（X 轴）表示时间窗口，单个窗口的时间跨度为 1 个季度，纵轴（Y 轴）由上至下（从 1 到 24）分别表示各行业 Bonacich 中心性由大到小的排名（从第 1 到第 24），图中各方格内的数字代表各行业对应的节点编号。

在总共的 40 个时间窗口中，共有 17 个行业（资本货物、技术硬件与设备、材料、零售业以及耐用消费品与服装等）在样本期间内成为过"Hub 节点"，可以发现各行业受到风险主要传染源的影响程度的时变性较强。与度中心性、接近度中心性、Beta Reach 中心性的分析一致，在样本期间内成为过"Hub 节点"的次数排名前 5 的行业仍旧是资本货物（37 次）、技术硬件与设备（26 次）、材料（23 次）、耐用消费品与服装（23 次）、零售业（22 次），即这些行业在中国股市的所有行业中同样具有最高水平的受到风险主要传染源的影响程度。成为"Hub 节点"次数排名第 6~17 位的行业分别是商业和专业服务（10 次）、软件与服务（9 次）、运输（8 次）、汽车与汽车零部件（7 次）、媒体（6 次）、公用事业（6 次）、食品与主要用品零售（4 次）、制药、生物科技与生命科学（3次），食品、饮料与烟草（2次），房地产（2次），医疗保健设备与服务（1次）以及半导体与半导体生产设备（1次），即这些行业具有中等水平的受到风险主要传染源的影响程度。而其余7个行业在样本期间内从未成为过"Hub节点"，即这些行业具有较低水平的受到风险主要传染源的影响程度。

在股市处于极端波动时期，共有13个行业（资本货物、材料以及耐用消费品与服装等）在样本期间内成为过"Hub节点"，其中成为"Hub节点"次数排名前5位的行业分别是资本货物（19次）、材料（15次）、耐用消费品与服装（12次）、零售业（9次）、技术硬件与设备（7次），即这些行业在股市处于极端波动时期具有较高水平的受到风险主要传染源的影响程度。成为"Hub节点"次数排名第6~13位的行业分别是汽车与汽车零部件（6次），食品与主要用品零售（4次），软件与服务（4次），媒体（3次），公用事业（3次），房地产（2次），运输（1次），食品、饮料与烟草（1次），即这些行业在股市处于极端波动时期具有中等水平的受到风险主要传染源的影响程度。而其余11个行业在样本期间内从未成为过"Hub节点"，即这些行业在股市处于极端波动时期具有较低水平的受到风险主要传染源的影响程度。

5.3.3.5　信息中心性分析

信息中心性侧重于从网络整体角度度量节点在网络中对全局风险传染效率的影响程度，节点的信息中心性越大，则其对应的行业能够使得风险在行业间更高效地传递，即该指标主要用来衡量各行业对股市全局风险传染效率的影响强度。各行业的信息中心性指标的动态演变情况如图5-9所示，通过热力图的变化特征可以清晰了解各行业在样本期间对股市全局风险传染效率的影响程度及动态演变特征。

可以发现：（1）在同一时间点，各行业的信息中心性的颜色分布具有明显的差别，即在固定时间范围内各行业对股市全局风险传染效率的影响程度具有明显差别。（2）同一行业的信息中心性的颜色分布在不同时段内呈现出明显区别，即各行业对股市全局风险传染效率的影响程度具有明显的时变演化特征。（3）各行业对股市全局风险传染效率的影响程度具有无标度特性，只有极少数行业在股市中对股市全局风险传染效率的影响程度较大。（4）在2017年（对应窗口25~28），通过各行业的信息中心性的数字分布，可以发现各行业在该阶段对股市全局风险传染效率的影响程度具有样本期间内的最低水平，说明中国股市内部的风险跨行业传染效率具有较低水平，同样说明股市在该时期处于平稳运行的状态。（5）在2015年"股灾"时期（对应窗口17~22）及2018年中美贸易摩擦时期（对应窗口29~34），各行业在该阶段对股市全局风险传染效率的影响程度具有样本期间内的较高水平，说明中国股市内部风险跨行业传染效率在2015年"股灾"时期及2018年中美贸易摩擦时期具有较高水平，股市在这两个时期的稳定性较差。

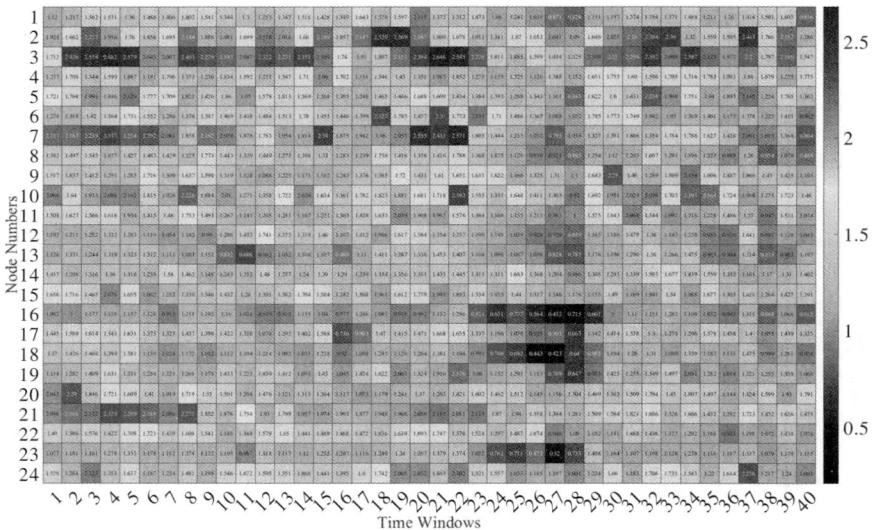

图5-9　各行业信息中心性（IC）指标的动态演变热力图

注释：图5-9以热力图的形式揭示了24个行业的信息中心性指标在样本期间内的动态演变特征，其中横轴（X轴）表示时间窗口，单个窗口的时间跨度为1个季度，纵轴（Y轴）表示各行业对应的节点编号（各节点编号对应的具体行业如附表A-1所示），图中各方格内的数字代表各行业的信息中心性的数值。

在行业的个体表现方面，各行业的信息中心性表现特征与BetaReach中心性的表现特征较为一致，因此这里将不再赘述。

各行业信息中心性在样本期间内的不同时段的动态排名如图5-10

所示，通过热力图的变化特征来衡量各行业对股市全局风险传染效率的影响程度的相对水平及其动态演变特征。选取各时间窗口中信息中心性指标排名前5的节点为"Hub节点"，各时期中"Hub节点"对应的行业为该时期的系统重要性行业。

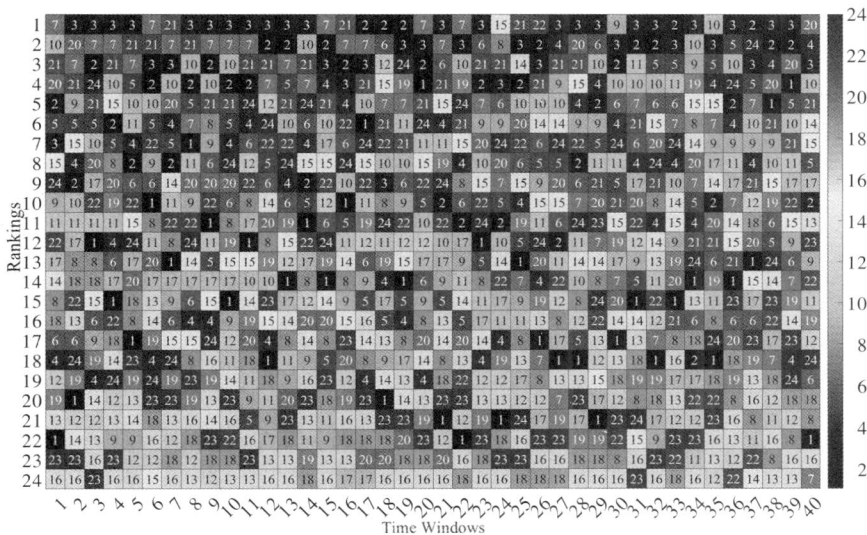

图5-10　各行业信息中心性（IC）指标排名的动态演变热力图

注释：图5-10以热力图形式揭示了24个行业的信息中心性排名在样本期间内的动态演变特征，其中横轴（X轴）表示时间窗口，单个窗口的时间跨度为1个季度，纵轴（Y轴）由上至下（从1到24）分别表示各行业信息中心性由大到小的排名（从第1到第24），图中各方格内的数字代表各行业对应的节点编号。

研究发现，在行业排名的个体表现方面，各行业信息中心性排名的表现特征与行业BetaReach中心性排名分析的结果较为一致，因此这里将不再赘述。

5.3.4　系统重要性行业分析

5.3.4.1　系统重要性综合评价指标构建

5.3.3节中的5种网络中心性指标分别从不同侧重方向分析了各节点在股市行业间波动溢出网络中的节点影响力，即各行业在股市行业间波动溢出网络中的风险传染水平。为综合分析股市各行业在风险波动溢出中的系统重要性，参照Huang等（2018）的方法，对5种中心性指标（度中心性、接近度中心性、Beta Reach中心性、Bonacich中心性、信息中心性）进行因子分析，构建行业系统重要性综合评价指标（Systemic Importance Indicator，SII）。

5.3.4.2 行业系统重要性综合评价

为从多角度综合分析股市中各行业的系统重要性，采用因子分析方法对上述5种网络中心性指标归类，构建行业系统重要性综合评价指标，依次对5.3.1节中的40个波动溢出网络中24个行业所对应节点的5种网络中心性指标（DC、CC、BRC、BC、IC）进行因子分析。为避免赘述，这里仅取两个阶段（2012年第二季度和2015年第二季度）的因子分析过程作为代表性分析。

在2012年第二季度的网络中（简称为2012Q2），各节点的5种网络中心性指标的相关系数矩阵及对应p值见表5-2。可以发现：在1%显著性水平下，5种中心性指标两两之间均具有显著正相关性。

表5-2　　　　　　　　　　　相关性矩阵（2012Q2）

	DC	CC	BRC	BC	IC
DC	1.000***	0.976***	0.936***	0.976***	0.966***
CC	0.976***	1.000***	0.965***	1.000***	0.984***
BRC	0.936***	0.965***	1.000***	0.965***	0.936***
BC	0.976***	1.000***	0.965***	1.000***	0.984***
IC	0.966***	0.984***	0.936***	0.984***	1.000***

注释：***代表指标的相关性在1%的显著性水平下显著。

KMO检验及巴特利特球形度检验结果见表5-3，其中，KMO取样适切性量数为0.861，巴特利特球形度检验统计值为438.036（伴随概率为0.000），综上可得这5种网络中心性指标适合做因子分析。由表5-4中总体方差解释表可得出，第一公因子对应的特征根较大（数值为4.876）且对样本方差的贡献和为97.511%。因此提取一个公因子，该公因子能够保留原始信息总量的97.511%，说明运用因子分析法将上述5

种网络中心性指标构建成行业系统重要性综合评价指标具有良好的代表效果。

表5-3 巴特利特球形度检验及KMO值

KMO取样适切性量数		0.861
巴特利特球形度检验	近似卡方	438.036
	自由度	10.000
	显著性	0.000

表5-4 总方差解释表

成分	初始特征值			提取载荷平方和		
	总计	方差百分比	累计（%）	总计	方差百分比	累计（%）
1	4.876	97.511	97.511	4.876	97.511	97.511
2	0.074	1.485	98.996			
3	0.036	0.718	99.714			
4	0.014	0.286	100.00			
5	2.82E-6	5.63E-5	100.00			

在2015年第二季度的网络中（简称为2015Q2），各节点的5种网络中心性指标的相关系数矩阵及对应p值见表5-5，可以发现：在1%显著性水平下，5种中心性指标两两之间均具有显著正相关性。

表5-5 相关性矩阵（2015Q2）

	DC	CC	BRC	BC	IC
DC	1.000***	0.908***	0.944***	0.945***	0.937***
CC	0.908***	1.000***	0.965***	0.965***	0.943***
BRC	0.944***	0.965***	1.000***	1.000***	0.980***
BC	0.945***	0.965***	1.000***	1.000***	0.980***
IC	0.937***	0.943***	0.980***	0.980***	1.000***

注释：***代表指标间的相关性在1%的显著性水平下显著。

KMO检验及巴特利特球形度检验结果见表5-6，其中，KMO取样适切性量数为0.809，巴特利特球形度检验统计值为405.044（伴随概率为0.000），综上可得这5种网络中心性指标适合做因子分析。由表5-7中总体方差解释表可得出，第一公因子对应的特征根较大（数值为4.827）且对样本方差的贡献和为96.543%。因此提取一个公因子，该公因子能够保留原始信息总量的96.543%，同样说明，运用因子分析法将上述5种网络中心性指标构建成行业系统重要性综合评价指标具有良好的代表效果。

表5-6   巴特利特球形度检验及KMO值

KMO取样适切性量数		0.809
巴特利特球形度检验	近似卡方	405.044
	自由度	10.000
	显著性	0.000

表5-7   总方差解释表

成分	初始特征值			提取载荷平方和		
	总计	方差百分比	累计（%）	总计	方差百分比	累计（%）
1	4.827	96.543	96.543	4.827	96.543	96.543
2	0.097	1.932	98.475			
3	0.053	1.067	99.542			
4	0.023	0.458	100.00			
5	4.61E-6	9.22E-6	100.00			

综上，本节采用SII指标作为评价股市各行业在风险波动溢出中的系统重要性的关键指标。

各行业的SII指标的动态演变情况如图5-11所示，通过热力图的变化特征可以清晰了解各行业在样本期间内系统重要性的动态演变特征。可以发现：（1）在同一时间点，各行业的SII指标的颜色分布具有明显的差别，即各行业的系统重要性在同一时间段内具有明显差别；（2）同一行业的SII指标的颜色分布在不同时段具有明显区别，即各行业在股市中的系统重要性存在时变演化特征；（3）从总体角度，各行业的SII指标的数值分布表明各行业在股市中的系统重要性具有无标度特性，只有极少数行业在股市中具有重要影响力并处于网络中的核心位置，在股市行业间波动风险传染过程中作为风险的主要传染源；绝大部分行业都是处于网络中的边缘或相对边缘位置，在股市行业间波动风险传染过程中作为"风险传染的桥梁"或"风险主要承受者"。

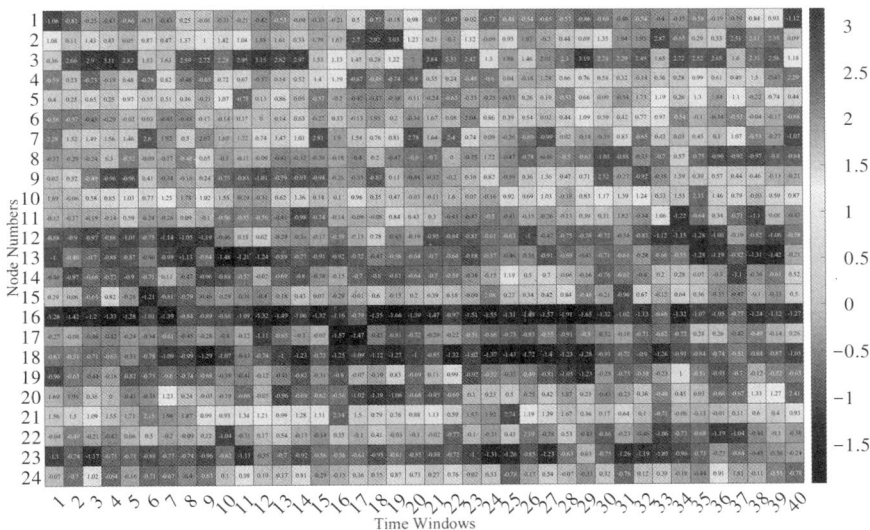

图5-11　各行业SII指标的动态演变热力图

　　注释：图5-11以热力图的形式揭示了24个行业的SII指标在样本期间内的动态演变特征，其中横轴（X轴）表示时间窗口，单个窗口的时间跨度为1个季度，纵轴（Y轴）表示各行业对应的节点编号（各节点编号对应的具体行业见附表A-1），图中各方格内的数字代表各行业的SII数值。

　　为综合分析股市中各行业在风险波动溢出中的系统重要性，选取各时期SII指标排名前5位的行业为系统重要性行业，即在股市行业间波动风险传染过程中作为风险主要传染源的行业。

　　各时期SII指标排名前5位的行业的动态演变情况如图5-12所示，在总共的40个时间窗口中，共有16个行业（资本货物、技术硬件与设备、材料、耐用消费品与服装以及零售业等）在样本期间内成为过系统重要性行业。其中，资本货物行业共有35次成为股市中的系统重要性行业，且有23次在SII指标排名中位列第一位。在样本期间内成为过系统重要性行业次数排名2～5位的行业分别是技术硬件与设备（25次）、材料（23次）、耐用消费品与服装（22次）、零售业（22次）。成为过系统重要性行业次数排名第6～16位的行业分别是运输（10次），商业和专业服务（9次），汽车与汽车零部件（8次），软件与服务（6次），公用事业（6次），媒体（5次），制药、生物科技与生命科学（4次），房地产（3次），食品与主要用品零售（2次），食品、饮料与烟草（2次）以及消费者服务（1次），而其余8个行业在样本期间内从未成为过系统重要性行业。

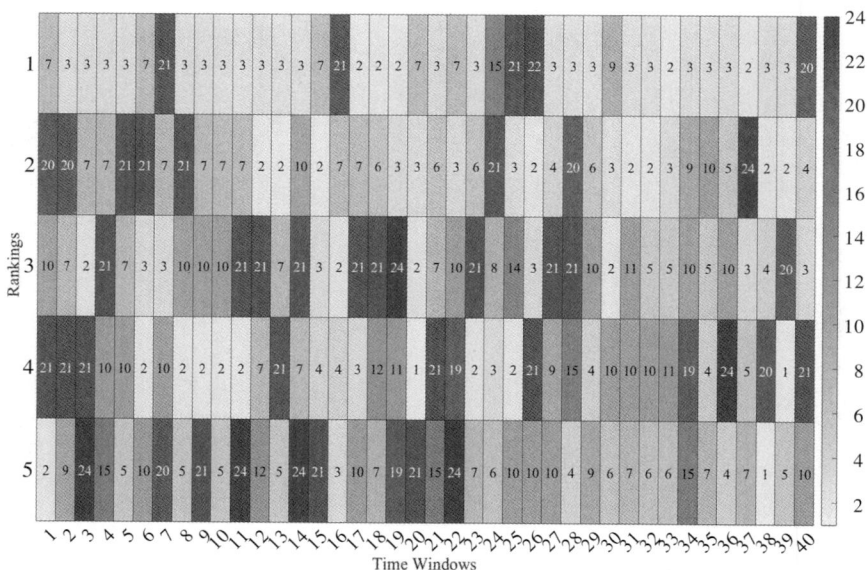

图 5-12　各时期 SII 指标排名前 5 位的行业

　　注释：图5-12以热力图的形式揭示了各时期SII指标排名前5位的行业，其中横轴（X轴）表示时间窗口，单个窗口的时间跨度为1个季度，纵轴（Y轴）由上至下（从1到5）分别表示各行业SII指标由大到小的排名（从第1到第5），图中各方格内的数字代表各行业对应的节点编号。

　　在股市受到国内外极端金融事件影响的特殊时期，共有16个行业在样本期间内成为过系统重要性行业，其中成为系统重要性行业次数排名前5位的行业分别是资本货物（19次）、材料（15次）、耐用消费品与服装（10次）、零售业（10次）、技术硬件与设备（8次）。成为系统重要性行业次数排名第6～16位的行业分别是汽车与汽车零部件（6次）、运输（5次）、公用事业（4次）、能源（3次）、商业和专业服务（3次）、媒体（3次）、食品与主要用品零售（3次）、软件与服务（3次）、食品、饮料与烟草（2次）、房地产（2次）以及制药、生物科技与生命科学（1次），而其余8个行业在样本期间内从未成为过系统重要性行业。

综上研究发现：

（1）在2011—2020年这10年间，从整体角度分析，资本货物行业在股市所有行业中具有最大的系统重要性，在行业间的风险波动溢出过程中具有最大影响力，属于股市中最大的风险传染源；技术硬件与设备、材料、耐用消费品与服装及零售业在股市中具有较大的系统重要性，说明这些行业在股市行业间的风险波动溢出过程中具有较强的影响，属于股市中的主要风险传染源；而运输、商业和专业服务、汽车与汽车零部件、软件与服务及公用事业等行业在样本期间内的部分时间段中属于系统重要性行业，说明这些行业在股市行业间的风险波动溢出过程中具有一定的影响，属于股市中的"风险传染桥梁"；银行、保险及电信服务等行业在样本期间内从未成为过系统重要性行业，且它们的SII指标始终位于所有行业中的倒数前几名，说明这些行业在股市行业间的风险波动溢出过程中的影响较弱，是股市中的"风险主要承受者"。究其原因：①各行业在实体中的表现特征通常都可反映在股市之中，在实体经济中，各行业的规模大不相同，上市公司的多元化经营模式使得部分公司可以跨行业经营业务，且不同行业间还存在生产、研发、供销、借贷、质押等不同类型的业务，因此行业间具有不同程度的关联性；②各行业由于自身规模、行业属性、与其他行业关联情况等特性的不同，导致不同行业间的系统重要性及在风险传染过程中的具体作用具有明显差异。

（2）中国股市中各行业板块的系统重要性排名在不同时段变化明

显，但是不同行业板块的具体系统重要性排名、排名变化的波动幅度大小各不相同，即股市中各行业板块间具有明显的涨跌轮动效应。究其原因：①国内外的不同政策会对股市中的某些行业起到利好或利空作用。例如，由于"去杠杆"政策对金融行业的剧烈冲击导致股灾爆发，中美贸易摩擦期间美国对自中国进口的部分行业商品采取提高关税等贸易制裁措施等对部分行业的利空政策；"新能源汽车补贴政策""5G商用规划及商用牌照发放""集成电路及软件行业减税政策""健康中国战略"等对部分行业是利好政策。这些利好及利空措施促使相关行业在股市中的系统重要性发生显著变化。②股市中部分行业具有明显的行业周期性。例如，我国典型的周期性行业包括钢铁、有色金属、煤炭、石油等，当经济高速增长时，市场对这些行业的产品需求也高涨，其在股市中的系统重要性就会提升；而当景气低迷时，对这些行业的产品需求减弱，其在股市中的系统重要性就会下降。

5.4　本章小结

本章以中国股市中24个行业板块为研究对象，选取2011—2020年的数据为研究样本，基于GARCH-BEKK模型、复杂网络模型、网络中心性指标以及因子分析模型等理论，以动态视角从多种角度深入探讨波动溢出关联视角下各行业的系统重要性，具体研究内容包括行业间波动溢出网络的构建、网络整体拓扑结构特征分析、各行业对应的多种网络中心性指标的求解、多角度网络中心性分析、行业系统重要性综合评价指标构建以及系统重要性行业分析等。与此同时，本章还分析了近些年的国内外极端金融事件对中国股市各行业系统重要性的影响。主要结论如下：

（1）基于GARCH-BEKK模型构建股市行业间波动溢出网络，从整体视角来看，股市行业间波动溢出的关联程度较高，即中国股市行业板块间存在明显的风险波动溢出效应；股市行业间波动溢出网络具有典型的小世界性特征，即因某行业板块的突发异常所产生的风险能够以较短的传染路径迅速地扩散至其他行业板块，并通过网络关联结构迅速对中国股市整体造成明显影响；股市行业板块间波动溢出网络在样本期间内均具有明显的聚集特性，即中国股市中各行业板块间存在明显的"抱团"效应；行业间的波动溢出关联路径具有较高效率，冗余关联数较少，说明行业板块间的波动溢出关联数在样本期间内不同阶段存在一定的波动但整体趋势保持相对稳定。

（2）从个体角度，对各行业进行5种不同类型（对网络中各节点中心性的评价角度不同）的网络中心性分析，具体包括度中心性分析（衡量行业在股市中的局部风险传染能力）、接近度中心性分析（衡量行业在股市中的全局风险传染速度）、BetaReach中心性分析（衡量行业的对外风险传染路径）、Bonacich中心性分析（衡量行业受股市中风险主要传染源的影响程度）以及信息中心性分析（衡量行业对股市全局风险传染效率的影响程度）。研究发现，各行业在股市中的中心性程度（对外风险影响力）具有明显的时变演化特征，且不同行业间的中心性程度在不同时段的变动幅度也具有显著差异；股市中各行业的中心性程度（对外风险影响力）的分布情况具有典型的无标度特性，只有极少数行业在股市中的跨行业风险传染方面具有重要的影响力。

（3）为从多种角度综合分析股市各行业在风险波动溢出中的系统重要性，基于因子分析方法构建行业系统重要性综合评价指标SII，从而识别样本期间内各时期中的系统重要性行业。通过识别系统重要性行业，可以有效捕捉股市中的主要风险传染源及风险传染的关键路径，在当前宏观审慎的背景下，有利于金融监管机构在特殊时期对系统重要性行业进行有针对性的政策调控，及时阻断风险的传染路径，从而避免系统性风险的快速蔓延，维护股市的健康平稳发展。从整体角度分析，资本货物行业在股市所有行业中具有最大的系统重要性，属于股市中最大的风险传染源；技术硬件与设备、材料、耐用消费品与服装及零售业在股市中具有较大的系统重要性，属于股市中的主要风险传染源。运输、商业和专业服务、汽车与汽车零部件、软件与服务及公用事业等行业在样本期间内的部分时间段属于系统重要性行业，属于股市中的"风险传染桥梁"。而银行、保险及电信服务等行业在样本期间内从未成为过系统重要性行业，属于股市中的"风险主要承受者"。

（4）分析并总结股市中各行业板块的系统重要性具有明显轮动效应的原因。这种现象主要有两方面原因：①这种现象源于国内外的不同政策对股市中某些行业的利好或利空。在利空方面，例如中美贸易摩擦期间美国对自中国进口的部分行业商品采取提高关税等贸易制裁措施等对部分行业是利空政策；在利好方面，例如"新能源汽车补贴政策""5G商用规划及商用牌照发放"等对部分行业是利好政策。这些利好及利空措施促使相关行业在股市中的系统重要性发生显著变化。②这种现象源于股市中部分行业具有明显的行业周期性。例如，我国典型的周期性行业包括钢铁、有色金属、煤炭、石油等，当经济高速增长时，市场对这些行业的产品需求也高涨，其在股市中的系统重要性就会提升；而当景气低迷时，对这些行业的产品需求减弱，其在股市中的系统重要性就会下降。

第6章 基于波动溢出网络的股市行业间风险溢出效应研究

6.1 问题提出

近年来，国际极端金融事件的出现越发频繁，在各类极端事件的冲击下，各国金融市场间、行业间及个股间经常出现"齐涨共跌"的情形。随着经济全球化的迅速发展及金融业务间复杂性的提高，金融机构（市场、行业）间的关联紧密度日益加深，以往侧重于金融机构（市场、行业）个体行为的传统监管模式已经不足以有效防范与控制系统性风险的累积与传染。究其原因，主要在于传统的微观审慎监管模式并没有重点关注金融市场与实体经济之间由于业务往来以及投入产出关系而形成的错综复杂的关联性，以及由此而形成的金融复杂网络。因此，当前需要施行宏观审慎监管模式来有效控制金融系统性风险的形成及蔓延。

金融系统的复杂关联性在使得金融风险高度分散的同时，也加快了金融风险扩散至金融系统的可能性，从而对金融系统的整体稳定性造成严重影响。股票市场是金融市场的重要组成部分，近些年国际股市的震荡越发频繁，各类国际或国内因素引起的极端金融事件给包括中国股市在内的世界各国的金融市场造成了重大影响，股票市场的复杂性与脆弱性逐渐显现。

在宏观审慎的背景下，有效识别金融系统内金融风险的传染方式及传染路径是进行宏观审慎管理以及把控系统性风险的关键。金融风险溢出效应是指金融系统内某金融机构遭遇资金严重短缺等危机时，会将自身风险扩散至其他金融机构甚至整个金融系统，进而造成整个金融系统发生风险。学术界对于股市中金融风险传染的问题一直保持着高度关注，大量的研究成果推动着金融风险传染理论的不断发展。近些年，随着复杂网络理论在经济学领域的快速发展，网络分析法已逐渐成为研究金融系统内金融机构间的关联性及金融风险溢出效应的关键工具，溢出效应主要包括收益溢出效应、波动溢出效应及尾部风险溢出效应。为分析金融机构（金融市场）间的关联性，梁琪等（2015）结合有向无环图和溢出指数方法构建了股市信息溢出网络，对全球股市的联动特征与中国股市的风险传染进行了研究，测度了中国股市信息溢出的方向、水平和动态趋势。研究发现，国际股市的总体溢出效应具有显著的上升趋势，中国股市的方向性溢出、收益及波动溢出等动态特征对金融危机等极端事件的冲击具有较强敏感性。宫晓莉等（2020）利用基于 TVP-VAR 模型的方差分解溢出指数方法，从波动溢出网络的视角分析中国金融系统内部（货币市场、资本市场、大宗商品交易市场、外汇市场、房地产市场和黄金市场）波动溢出的动态联动性及风险传染机制。Li 等（2020）从风险溢出的视角，基于 GARCH-BEKK 模型构建了中国跨区域股票市场的波动溢出网络，并使用 QAP 模型分析了影响区域股票市场之间波动溢出关联的因素。结果表明，波动溢出网络具有高度连通性，股市中各区域的溢出能力与其经济发展背景有关。此外，区域间网络拓扑指标、经济基础和产业结构的差异均对中国区域间股票市场波动溢出的空间联系具有显著的影响。

尽管国内外已有部分学者利用复杂网络理论分析系统性风险溢出的传导过程,然而,已有文献更多是从上市金融机构间、金融市场间关联程度的角度来研究股市中金融风险的传染效应,往往忽视了股市中跨行业的金融风险传染效应。在实际中,由于实体经济中产业间的投入产出及业务往来等关系,股市中不同行业间的关联性越发紧密,且金融市场中各种"板块"和"概念"的划分与更新屡见不鲜。因此,国内外相关政策及市场行情的动态表现都会导致部分相关行业的股票出现不同程度的波动关联反应。如何有效捕捉金融市场行业间的联动及风险溢出特征,准确识别行业间的风险溢出路径以及不同行业在风险溢出中所扮演的角色,对研究金融风险溢出效应的内在机制以及有效防范系统性风险、维护我国金融市场健康稳定发展具有重大意义。

在此背景下,本章以中国股市中24个行业板块为研究对象,基于全样本静态分析与滚动窗口动态分析方法,综合运用DY波动溢出指数模型、复杂网络理论与社会网络中的块模型理论,从多种角度探究中国股市行业间的风险传染效应,具体研究内容包括股市行业间波动溢出网络的构建、行业间的风险溢出方向分析、各行业风险传染(接收)强度的求解、金融风险传染路径的行业聚集性分析、不同聚集板块在风险传染过程中的角色功能识别。此外,在动态分析过程中,重点分析了近些年的极端金融事件对股市金融风险跨行业溢出效应及传染路径的影响。

本章在以下几个方面做出贡献:(1)以中国股市中24个行业板块为研究对象,选取2011—2020年的数据为研究样本,基于DY波动溢出指数模型识别各行业间的波动溢出关系并依此构建中国股市行业间波动溢出网络(有向有权网络)。(2)分别基于全样本静态分析与滚动窗口动态分析方法深入探讨行业间的风险溢出效应,具体包括:①在全样本期间内(2011—2020年),从总溢出效应(TO)、总接收效应(FROM)及净溢出效应(NET)3个方面来探究中国股市各行业间的风险溢出关系,从而识别股市行业间风险传染的主要发出者和主要接收者;②通过滚动窗口动态分析法,一方面分析股市整体在不同时间段的波动溢出程度的动态演变特征，另一方面分析各行业在不同时段内的风险溢出水平与溢出角色的动态轮动特征。（3）引入社会网络中的块模型理论来分析中国股市行业间的风险溢出机制，通过块模型将股市中各行业划分成具有不同功能的区域集合（板块），进而分别从板块内部及板块间的角度来分析行业间的风险传染路径，并依此来识别各行业在风险传染中所扮演的具体角色。此外，考虑到国内外各类极端金融事件对中国股市的影响，创新性地以网络图示的形式揭示各板块的行业聚集情况、风险跨行业的传染路径以及各板块在风险传染过程中角色功能的动态演变情况。

本章的研究为金融监管部门有效识别股市中金融风险跨行业的传染路径提供了一定的参考，有助于我国金融监管部门提高系统性风险防范意识、制定相应政策以加强宏观审慎管理、严格把控金融市场的系统性风险、维护我国金融系统的稳定性。

6.2 数据选取与模型构建

6.2.1 数据选取

本章的研究样本为中国股票市场中24个行业指数（详细行业名称、节点标号及缩写见附表A-1），样本数据来源于Wind二级行业指数。样本期间为2011年1月4日至2020年12月31日，数据频率为日频。行业指数的收益率序列由公式 $R_{i,t} = \ln(P_{i,t}) - \ln(P_{i,t-1})$ 计算所得，其中 $R_{i,t}$ 为行业指数 i 在第 t 日的对数收益率，$P_{i,t}$ 为行业指数 i 在第 t 日的收盘价。选取的研究样本期间覆盖了我国股市近些年历经的不同类型的重大波动行情，在研究金融系统性风险的溢出效应时具有良好的代表性。经描述性统计检验发现：各行业指数的收益率均呈负偏特征；各行业指数收益率的高峰度数值表明各行业的指数收益率序列的分布属于非正态分布，呈胖尾特征；各行业指数的收益率序列均具有显著统计意义的JB检验值，再次表明各行业指数的收益序列不呈正态分布；ADF单位根检验结果表明所有收益率序列均是稳定的。运用 Ljung-Box 统计量分别计算指数收益率和其平方过程滞后 10 期的检验结果，研究表明各行业指数收益率序列具有明显的相关性和 ARCH 效应。综上表明，本章运用 DY 波动溢出指数模型分析行业间的波动溢出效应并依此构建行业间波动溢出网络具有合理性。

6.2.2　DY 波动溢出指数模型

Diebold 和 Yilmaz（2014）提出的波动溢出指数模型（DY 波动溢出指数模型）是分析股市行业板块间的风险传染问题的理论框架。该模型可以有效刻画不同行业间的风险溢出关系。此外，通过运用滚动窗口动态分析法，可以从动态视角捕获各行业间在不同时间段的风险溢出强度和方向。本章基于该方法刻画中国股市中不同行业板块间的风险波动溢出关系，并依此构建相应的风险波动溢出网络。

首先，考虑一个协方差平稳的 N 变量 VAR（p）过程：

$$x_t = \sum_{i=1}^{p} \Phi_i x_{t-i} + \varepsilon_t \tag{6.1}$$

式中，$\varepsilon \sim (0, \sum)$ 是独立同分布的扰动向量，式（6.1）的移动平均形式表示为：

$$x_t = \sum_{i=0}^{\infty} A_i \varepsilon_{t-i} \tag{6.2}$$

式中，系数矩阵 A_i 服从如下的递归公式：

$$A_i = \Phi_1 A_{i-1} + \Phi_2 A_{i-2} + \cdots + \Phi_p A_{i-p} \tag{6.3}$$

式中，A_0 为 N 阶单位矩阵，当 $i < 0$ 时，有 $A_i = 0$。方差贡献是当变量 y_i 受到外部因素冲击时，y_i 的 H 步预测误差方差中由 y_j 所解释的比例部分 d_{ij}^H。该指标反映了某变量的变化情况受到其自身或受到系统中其他变量的影响程度。

$$d_{ij}^H = \frac{\sigma_{ii}^{-1} \sum_{h=0}^{H-1} (e_i' A_h \sum e_j)^2}{\sum_{h=0}^{H-1} (e_i' A_h \sum e_i)} \tag{6.4}$$

式中，$i, j = 1, 2, \cdots, N$，$\sum$ 是 ε_t 的协方差矩阵，σ_{ii} 是 ε_t 的标准差，e_i 表示第 i 个元素为 1 而其他元素均为 0 的列向量，H 表示预测期，

A_h为式（6.2）的系数，h为式（6.2）中扰动向量的滞后阶数。

由元素d_{ij}^H构成的$N \times N$阶的方差分解矩阵$D_{ij}(h)$可以用来表征中国股市中不同行业间的风险溢出效应。在方差分解矩阵$D_{ij}(h)$（$i \neq j$）中，非对角线元素表示预测误差方差的分解，反映了行业i和行业j之间的风险溢出程度。因此，$D_{ij}(h)$中第i行的和$\sum_{j=1, j \neq i}^{N} d_{ij}^H$代表了其他所有行业对它的风险溢出，表示的是行业i的风险承受程度。$D_{ij}(h)$中第j列的和$\sum_{i=1, j \neq i}^{N} d_{ij}^H$代表了该行业对其他所有行业的风险溢出程度。

$$D_{ij}(h) = \begin{pmatrix} d_{11} & d_{12} & \cdots & d_{1N} \\ d_{21} & d_{22} & \cdots & d_{2N} \\ \vdots & \vdots & \ddots & \vdots \\ d_{N1} & d_{N2} & \cdots & d_{NN} \end{pmatrix} \tag{6.5}$$

基于广义预测误差方差分解的结果，由行业j传输到行业i的风险净传染效应（Net Spillover，NS）可由以下式子来表示：

$$NS_{i \leftarrow j}^H = d_{ij}^H - d_{ji}^H \tag{6.6}$$

行业i对其他所有区域的风险净溢出效应可由以下式子来表示：

$$NS_i^H = \sum_{\substack{i=1 \\ j \neq i}}^{N} d_{ij}^H - \sum_{\substack{j=1 \\ j \neq i}}^{N} d_{ij}^H \tag{6.7}$$

各行业总的风险溢出效应TS^H可以表示为：

$$TS^H = \frac{1}{N} \sum_{\substack{i, j=1 \\ j \neq i}}^{N} d_{ij}^H \tag{6.8}$$

6.2.3　块模型

块模型是描述网络整体结构特征的一种方法，是对网络中各组成单元（或角色）的描述性代数分析。近些年，随着复杂网络理论的快速发展，块模型在多个研究领域得到了广泛的应用，例如对国际贸易及产业集群发展问题的研究、区域间经济关联及风险传染的研究等。

6.2.3.1　块模型的定义

目前，关于块模型的定义，较为常见的有如下两种方式：

（1）从描述性分析的角度，块模型具有两种关键的组成元素：①由网络中部分组成单元（或角色）相互聚集而组成的"位置"（也可称为"块"）。②各"位置"间的关系，即各位置间的关联情况。

（2）从形式化分析的角度，块模型将网络中的各组成单元（或角色）分区成为各个位置（块），并存在与之相对应的法则φ，该法则将网络中各组成单元划分到各个位置（块）之中。

总之，一个块模型就是对一元关系或多元关系复杂网络的一种简化表示，它代表的是该网络的总体结构。块模型是一种针对位置层次的研究，而不是个体层次研究。

6.2.3.2 块模型的构建

块模型的构建主要有以下两个步骤：第一，对复杂网络中各组成部分进行分区，即将各组成部分划分至不同的位置中。第二，根据某些标准确定各个块的取值，本章选取的划分标准为最常用的α-密度指标法，其中α是临界密度值，通常以网络的平均密度值来表示。

6.2.3.3 对结果的解释

对块模型的分析结果，首先要对各"位置"进行描述性分析，其次具体识别不同位置之间的信息传输方式，最后判定各位置在网络中具体扮演的角色。在实际应用中，通过该方法一方面可以考察网络中风险传染的具体路径，另一方面还能有效识别网络中各组成部分在风险传染中扮演的具体角色。

Burt对位置特征进行了分类研究，主要有四种类型：（1）双向溢出板块，其成员与外界没有任何联系；（2）净溢出板块，净溢出板块与净受益板块相反，所有的关联关系主要产生于板块外部，板块内部的关联关系较少，因而对其他板块产生溢出效应；（3）经纪人板块，其成员既发送也接收外部的关系，但是内部成员之间的联系较少；（4）净受益板块，指溢出关系主要存在于板块内部，而外部的关系很少。在极端情况下，风险波动溢出关系只存在于板块内部，而不与板块外部产生联系。按照位置内部的关系情况，块模型结果分析中，四种位置类型的划分标准见表6-1。

表6-1 位置类型的划分

位置内部的关系比例	位置接收到的关系比例	
	≈ 0	> 0
$\geq (g_k - 1)/(g - 1)$	双向溢出位置	主受益位置
$< (g_k - 1)/(g - 1)$	主溢出位置	经纪人位置

注释：假设网络中共有 g 个成员，其中位置 B_k 内有 g_k 个成员，则在 B_k 内部中所有可能的关系数为 $g_k(g_k - 1)$。在不局限于 B_k 内部的条件下，B_k 中各成员的所有可能的关系数为 $g_k(g - 1)$。因此，位置内部的关系比例为 $g_k(g_k - 1)/g_k(g - 1) = (g_k - 1)/(g - 1)$。

6.3 股市行业间风险溢出效应分析

6.3.1 全样本静态溢出效应分析

基于 DY 波动溢出指数方法，运用全样本数据从静态角度分析 2011—2020 年中国股市中 24 个行业板块之间的总体风险波动溢出关系。附录中的附表 A-3 报告了预测期为 10 天的股市行业间的风险波动溢出矩阵，其中主对角线的元素刻画了来自行业自身扰动的冲击，而非主对角线上的元素则衡量了不同行业间两两交互的有向风险溢出效应。其中，"FROM"指标衡量矩阵中各行对应的行业受到其他行业的总风险溢出水平，"TO"指标衡量矩阵中各列所在行业对其他行业的总风险溢出水平，"NET"指标衡量矩阵中各列所在行业对其他行业的风险净溢出水平。波动溢出矩阵左下角的"TOTAL"指标衡量中国股市的总体风险波动溢出水平。

从 TOTAL 指标可知中国股市的总体风险波动溢出水平为 86.29，说明中国股市行业间的总体风险波动溢出处于较高的水平，行业间存在较强的风险溢出效应。如表6-2所示，从 FROM 指标来看，各行业受到外部行业风险的传染程度差距较小，其中，商业和专业服务行业在整体样本期间内受到的外部风险溢出程度最高，其 FROM 值达到 91.70。此外，资本货物、软件与服务、家庭与个人用品、零售业、技术硬件与设备、运输这几个行业受到的风险溢出程度也相对较高，数值均超过了90；而消费者服务、银行、能源及保险等行业受到其他行业的风险溢出程度相对较低，数值均低于80。而从TO指标来看，各行业对外部风险的传染程度差距很明显，其中，商业和专业服务行业对其他行业的风险溢出效应最为明显，达到了125.71，与此同时，资本货物、多元金融、软件与服务、家庭与个人用品、运输等行业对外风险溢出的程度也相对较高，分别为116.74、116.36、114.72、111.74、109.27，而银行、能源、消费者服务、保险、房地产等行业对外风险溢出的程度相对较低，分别为32.80、37.71、46.19、51.67、65.83。

表6-2　各行业风险溢出水平排名（分别基于FROM、TO及NET）

Rank	FROM		TO		NET	
	行业	数值	行业	数值	行业	数值
1	Ind.4	91.70	Ind.4	125.71	Ind.4	34.01
2	Ind.3	90.92	Ind.3	116.74	Ind.17	26.64
3	Ind.20	90.88	Ind.17	116.36	Ind.3	25.82
4	Ind.13	90.58	Ind.20	114.72	Ind.20	23.85
5	Ind.10	90.44	Ind.13	111.74	Ind.13	21.15
6	Ind.21	90.33	Ind.5	109.27	Ind.5	19.25
7	Ind.5	90.02	Ind.10	108.28	Ind.10	17.84
8	Ind.17	89.72	Ind.21	103.37	Ind.21	13.04
9	Ind.2	89.29	Ind.2	100.3	Ind.2	11.02
10	Ind.15	89.08	Ind.15	94.90	Ind.15	5.82
11	Ind.12	88.87	Ind.12	91.15	Ind.12	2.28
12	Ind.14	88.67	Ind.9	89.67	Ind.9	1.05

续表

Rank	FROM		TO		NET	
	行业	数值	行业	数值	行业	数值
13	Ind.9	88.62	Ind.14	86.95	Ind.14	−1.72
14	Ind.6	87.60	Ind.23	84.70	Ind.23	−2.48
15	Ind.22	87.51	Ind.24	82.21	Ind.24	−5.03
16	Ind.24	87.25	Ind.6	81.38	Ind.6	−6.23
17	Ind.23	87.17	Ind.11	76.92	Ind.11	−8.83
18	Ind.11	85.75	Ind.22	74.74	Ind.22	−12.78
19	Ind.7	84.70	Ind.7	66.96	Ind.7	−17.74
20	Ind.19	83.66	Ind.19	65.83	Ind.19	−17.83
21	Ind.18	79.06	Ind.18	51.67	Ind.8	−24.85
22	Ind.1	73.89	Ind.8	46.19	Ind.18	−27.39
23	Ind.16	73.52	Ind.1	37.71	Ind.1	−36.17
24	Ind.8	71.04	Ind.16	32.80	Ind.16	−40.71

注释：所有数值均保留至小数点后2位。

在上述矩阵分析的基础上，我们通过测算各行业的NET指标来进一步考察中国股市各行业间的风险净溢出效应，即识别各行业在股市整体中是风险的主要接收者还是主要输出者，由表6-2中的NET指标的分析结果可以看出，商业和专业服务为中国股市波动风险的最大净输出者，风险溢出的净效应为34.01，银行业为中国股市波动风险的最大净接收者，风险溢出的净效应为-40.71。此外，多元金融、资本货物、软件与服务、家庭与个人用品及运输等行业是股市中波动风险的主要净输出者，风险溢出的净效应分别为26.64、25.82、23.85、21.15、19.25，而能源、保险、消费者服务、房地产及耐用消费品与服装是股市中波动风险的主要净接收者，风险溢出的净效应分别为−36.17、−27.39、−24.85、−17.83、−17.74。

表6-3报告了各行业间成对有向溢出数值排名前10位的行业组合。可以发现，在所有行业组合中，最大的成对有向溢出是由公用事业行业对能源行业的溢出（12.94），说明在中国股市内部的风险溢出中，公用事业行业对能源行业的风险溢出占据主导位置。究其原因，以电力供应、燃气供应、供暖等服务为主的公用事业行业在实体产业中与能源行业有紧密的关联性，公用事业行业对能源的需求变化会对能源行业造成重大的影响。

表6-3 **行业间成对波动溢出水平前10名**

Rank	行业间的有向溢出水平 d_{ij}		
	from Ind.i	to Ind.j	数值
1	Ind.24	Ind.1	12.94
2	Ind.2	Ind.1	11.80
3	Ind.11	Ind.8	10.63
4	Ind.19	Ind.16	9.84
5	Ind.14	Ind.15	9.01
6	Ind.17	Ind.16	8.36
7	Ind.21	Ind.22	8.20
8	Ind.4	Ind.21	7.92
9	Ind.20	Ind.21	7.76
10	Ind.4	Ind.20	7.29

注释："d_{ij}"指的是从行业i至行业j的风险波动溢出水平大小，所有数值均保留至小数点后2位。

排名第2位的有向溢出组合是材料行业对能源行业的溢出（11.80），即材料行业对能源行业的风险传染同样在中国股市行业间整体风险溢出中占据主要位置。究其原因，材料行业包括钢铁工业、有色金属工业、建材工业等，从生产过程看，这些行业的生产和制造需要大量的煤炭、石油、电力等能源支持，即材料行业与能源行业具有典型的上下游需求关系，材料行业在实际生产制造过程中对能源的具体需求的变化同样会对能源行业造成重大的影响。

排名第3~10位的组合分别是食品与主要用品零售行业对消费者服务行业的溢出（10.63）、房地产行业对银行业的溢出（9.84）、医疗保健设备与服务行业对制药、生物科技与生命科学行业的溢出（9.01）、多元金融行业对银行业的溢出（8.36）、技术硬件与设备行业对半导体与半导体生产设备行业的溢出（8.20）、商业和专业服务行业对技术硬件与设备行业的溢出（7.92）、软件与服务行业对技术硬件与设备行业的溢出（7.76）以及商业和专业服务行业对软件与服务行业的溢出（7.29）。综上研究发现，上述具有高水平有向溢出的行业组合都具有明显的特征，即这些行业组合之间均在生产、制造、销售、资金运转以及技术支持等业务方面具有紧密的相关性，因此行业间的风险溢出强度与行业间的业务往来紧密程度具有一定相关性。

6.3.2　滚动窗口动态溢出效应分析

6.3.2.1　动态总溢出效应分析

在样本期间内，中国金融市场由于受到各类国内外极端金融事件的影响而多次发生剧烈波动，从而引发股市的极端波动。因此，仅从6.3.1节中的全样本静态溢出方法分析中国股市行业板块间的波动溢出特征，并不能全面系统地解释整个样本时期的实际变化情况。

因此，为了捕捉股市波动溢出效应的长期和周期性变动，我们通过使用60天滚动窗口并基于10天的提前预测误差方差分解方法进一步估计了中国股票市场行业板块之间的总体风险波动溢出效应。此外，参照Diebold和Yilmaz（2014）的方法，本章将步长（每个滚动窗口之间间隔的天数）设置为5天，模型中的滞后天数设置为2天。

中国股市行业间的总溢出指数的动态演变情况如图6-1所示。首先，可以发现总溢出指数在样本期间内均处于不同程度范围的震荡，且小幅度的震荡模式在样本期间内具有绝大部分比例。其次，可以注意到总溢出指数在整个样本期间内共出现了四个剧烈波动的时期。

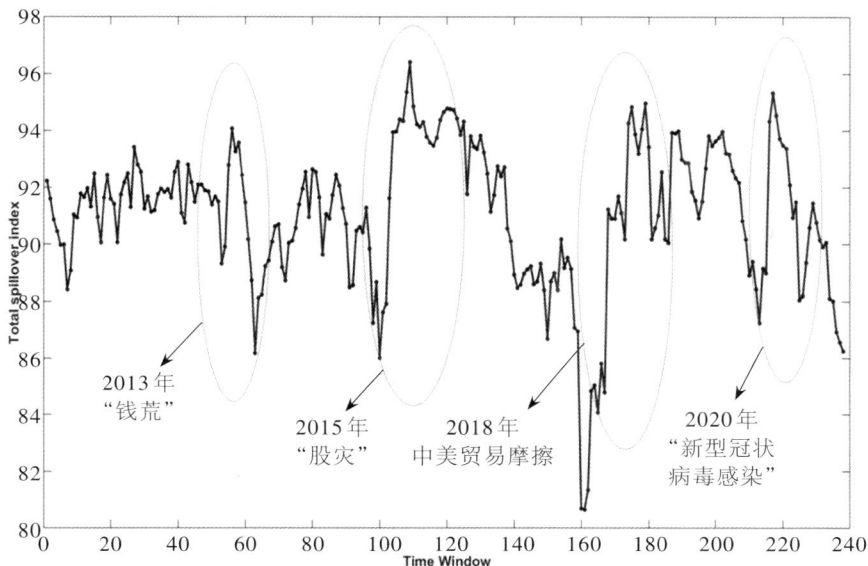

图6-1　中国股市行业间总波动溢出指数的动态演变图

　　第一个剧烈波动期其主要位于窗口50至窗口70间的样本期，总溢出指数的波动范围位于86.17～94.07，对应的时间为2013年1月至2014年1月。由于信贷扩张、资金严重外流、《国家外汇管理局关于加强外汇资金流入管理有关问题的通知》即将实施等相关因素的影响，各大金融机构相继呈现出资金高度紧张状态，银行业流动性严重不足，并最终导致2013年"钱荒"事件的爆发。2013年6月20日，银行间隔夜回购利率于当日达到了史无前例的30%，7天回购利率达到28%。"钱荒"的风波此后迅速从债券和货币市场传递到股票市场，上证综指在短短15个交易日跌了500点，创业板也因此一度跌破1 000点。2013年的"钱荒"危机对中国A股市场的冲击强度通过总溢出指数的变化情况可以得到有效反馈。

　　第二个剧烈波动期主要位于窗口100至窗口120，同时该周期的总溢出指数在整个样本期间内处于最高水平，指数的波动范围位于86.02～96.39，对应的时间为2015年4月至2016年3月。其间，受到

"去杠杆化"与"去散户"这两大政策的主要影响，我国股票市场出现了股指极端波动的情况并最终导致股灾的爆发，"千股跌停、千股停牌、千股涨停、17分钟全天收市、熔断机制"等中国股市的历史场面都出现于2015年的"股灾"。2015年股灾的爆发共计3个阶段，第一个阶段处于2015年6月12日至7月9日，其间，上证综指在18个交易日内从5 178跌至3 373，大盘指数的下跌速度之快创下历史新高。第二个阶段位于2015年8月18日至8月26日，上证综指在短时间范围内下跌29%，创业板指跌幅达32%，个股于当时多次出现了千股跌停的场景。第三阶段为2016年初，熔断机制的试行又继续引发了恐慌式出逃，2016年1月4日至2016年1月7日，上证指数跌幅达26%，市值蒸发接近80 000亿元。2015年股灾对中国股市造成的巨大冲击恰好可以体现于总波动溢出指数的变化情况。

第三个剧烈波动期主要位于窗口164至窗口190，指数的波动范围位于84.07~94.95，对应的时间为2017年12月至2019年1月。自2018年1月起，中美贸易争端持续升温，2018年4月3日，美方贸易代表公布对华301调查征税建议，并公开征求意见，至此中美贸易争端彻底爆发。受到贸易制裁的相关商品主要包括钢铁产品、铝产品、医用药品、化合物以及橡胶制品等，这些商品主要集中于通信、电子、机械设备、汽车以及金属材料等领域，对应的Wind二级行业主要包括软件与服务、技术硬件与设备、半导体与半导体生产设备、电信服务以及材料等，美国的贸易制裁措施对股市中的上述行业板块及股市整体带来了巨大冲击。贸易摩擦事件强烈冲击了中美及世界的经贸体系，严重影响全球经济的发展。与此同时，贸易摩擦事件带来的经济形势不确定性促使投资者悲观情绪加剧，以中国A股市场为代表的金融市场严重受此影响而震荡剧烈，上证综指不断走低，股市成交量持续萎靡，市场系统性风险逐步加剧。总波动溢出指数的大幅度波动恰好反映了2018年中美贸易摩擦对中国股市的冲击。

第四个剧烈波动期主要位于窗口212至窗口226，指数的波动范围位于88.44~95.33，对应的时间为2019年12月至2020年7月。究其原因，2019年12月31日以来，武汉市出现多起新型冠状病毒感染病例，疫情迅速蔓延至全国各省区市。1月23日，考虑到疫情的严重性，武汉紧急采取封城措施。此后，法国、德国、美国、加拿大等国家相继出现了COVID-19确诊病例，全球COVID-19确诊病例数迅速增加。疫情对全球金融体系、大宗商品价格、投资者情绪造成了强烈冲击。随着欧美疫情的相继暴发，国际原油价格暴跌，WTI原油期货甚至历史性地跌破零点达到负值，欧美主要股指呈现断崖式下跌，美国股市指数甚至多次触发熔断机制，世界各国的股票指数一致性地剧烈波动，由于"封城""停工停产""居家隔离"等防疫措施的相继实施，各实体行业不同程度地受疫情的冲击。在一定程度上，疫情对中国股市的强烈影响充分体现在总溢出指数的变化上。

6.3.2.2 动态有向溢出效应分析

6.3.2.1节的动态总溢出指数分析反映了中国股市行业间的整体溢出特征的动态演变特征。本节旨在研究各行业的动态变化特征，即分析各行业的"FROM"和"TO"的动态演化特征，这里我们采取热力图的方式直观反映上述的动态演变。此外，本节创新性地分解了各行业的"FROM"和"TO"，从而得到了各行业之间成对有向溢出水平的动态演化特征。

图6-2揭示了基于滚动窗口分析法得到的各行业"TO"指标的动态演变特征，图中各列对应的是24个行业"TO"值在样本期间内（2011—2020年）的动态变化，"TO"指标的大小通过不同颜色进行区分。此外，为方便观察样本期间内重要的国内外极端金融事件对各行业的影响，本节将各行业"TO"指标的动态演变数值按年度取平均值，具体见表6-4，可以发现：（1）在同一时间点，各行业的"TO"指标的颜色分布具有明显的差别，即在固定时间范围内各行业对其他行业的溢出强度具有明显差别，这点与全样本静态分析中的结论一致；（2）同一行业"TO"指标的颜色分布在不同时段内呈现出明显区别，即各行业对其他行业的溢出水平具有明显的时变演化特征。

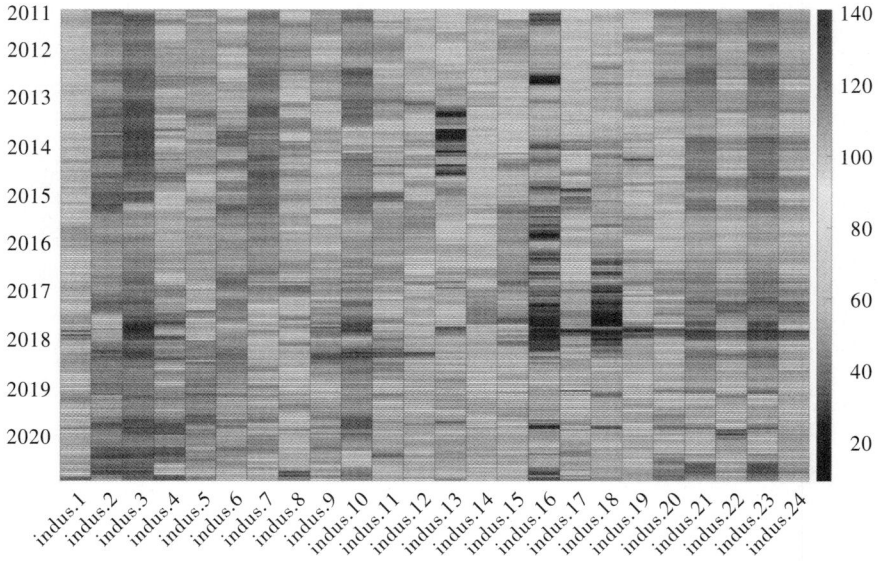

图6-2　各行业"TO"指标的动态演变热力图

表6-4　　　　各行业"TO"指标的动态演变（取年度均值）

	2011	2012	2013	2014	2015	2016	2017	2018	2019	2020
Ind.1	81.31	90.10	88.22	88.93	94.35	83.88	70.05	74.74	89.50	89.66
Ind.2	109.59	106.75	114.90	113.76	110.42	103.32	102.90	111.63	107.46	115.43
Ind.3	113.62	115.12	123.70	118.49	105.20	109.31	122.38	114.26	115.41	117.16
Ind.4	95.98	101.37	98.83	103.26	94.29	98.25	106.69	102.69	108.75	106.87
Ind.5	102.19	101.92	96.98	98.24	95.68	99.58	88.39	108.02	110.04	102.04
Ind.6	97.90	95.70	106.37	105.50	107.45	107.27	102.55	108.54	102.32	97.34
Ind.7	110.22	112.18	115.75	116.98	111.77	106.92	92.23	94.42	93.87	95.11
Ind.8	101.36	97.99	101.77	101.19	98.99	102.57	87.18	90.29	89.32	70.99
Ind.9	95.03	100.11	74.01	81.67	91.74	100.60	105.32	105.37	100.94	102.28
Ind.10	109.30	111.50	100.77	109.40	106.86	106.10	112.79	113.00	111.31	100.91
Ind.11	97.43	93.74	91.35	78.30	105.15	101.81	95.64	103.53	83.08	67.99
Ind.12	80.12	73.83	82.29	96.93	103.99	93.50	82.01	72.99	71.33	86.17

续表

	2011	2012	2013	2014	2015	2016	2017	2018	2019	2020
Ind.13	81.65	71.05	37.40	46.83	83.44	76.06	70.37	88.58	84.18	80.89
Ind.14	74.74	92.79	90.74	87.70	91.69	96.41	99.84	88.60	89.99	73.58
Ind.15	100.39	88.03	87.39	98.73	106.32	105.87	102.45	91.59	93.43	80.16
Ind.16	54.41	52.01	63.88	50.97	41.88	45.39	29.55	58.37	57.96	63.41
Ind.17	86.32	86.57	77.86	77.43	69.49	79.34	55.71	91.27	91.35	100.70
Ind.18	77.61	64.88	68.05	56.18	60.36	45.19	27.79	64.69	64.00	73.56
Ind.19	91.95	86.38	83.98	75.01	93.39	81.34	70.03	77.97	88.42	77.69
Ind.20	103.34	102.41	90.78	87.44	83.95	97.91	102.45	92.45	99.74	103.52
Ind.21	109.72	111.73	107.03	110.71	104.24	104.13	115.00	103.89	97.68	102.44
Ind.22	99.99	98.11	94.65	98.19	94.42	96.37	104.66	80.52	70.72	79.13
Ind.23	111.07	112.87	109.31	112.93	105.85	105.84	118.33	105.42	100.35	105.36
Ind.24	101.73	100.59	99.41	101.90	96.81	98.58	109.64	86.23	79.07	86.07

注释：Ind.i代表第i个行业，详见附录中的附表A-1。

一些行业（材料、资本货物、软件与服务及电信服务等）的"TO"指标在样本期间内对应的颜色显示这些行业在样本期间内始终对股市中其他行业具有较高水平的风险溢出强度，且样本期间内发生的国内外极端金融事件对这些行业的溢出强度具有较小的影响，即这些行业的风险溢出强度对外界因素冲击具有较低的敏感性。

一些行业（银行与保险）的"TO"指标在样本期间内对应的颜色显示这些行业在样本期间内始终对股市中其他行业具有较低水平的风险溢出强度，且这些行业的风险溢出强度水平同样对外界因素冲击（国内外极端金融事件）具有较低的敏感性。

一些行业（能源、运输、食品与主要用品零售及消费者服务等）的"TO"指标在样本期间内对应的颜色变化显著，即这些行业在样本期间内对股市中其他行业的风险溢出强度呈现明显动态性变化，且这种变化在历经国内外极端金融事件时表现得尤其明显，这些行业的风险溢出强度对外界因素冲击（国内外极端金融事件）具有较高的敏感性。

图6-3揭示了基于滚动窗口分析法得到的各行业的"FROM"指标的动态演变特征，图中各列对应的是24个行业"FROM"值在样本期间内（2011—2020年）的动态变化，"FROM"指标的大小同样通过不同颜色进行区分，不同颜色代表的具体情况与上文中有关动态"TO"指标分析的内容一致。此外，为方便观察样本期间内几个重要的国内外极端金融事件对各行业接收外来风险溢出效应的具体影响，这里同样将各行业"FROM"指标动态演变数值按年度取平均值，具体见表6-5。可以发现：（1）在同一时间点，各行业的"FROM"指标的颜色分布几乎没有差别，即在固定时间范围内各行业从其他行业接收的溢出强度的差距较小，这点与全样本静态分析中的结论一致；（2）除了个别行业（家庭与个人用品、银行、保险、电信服务），大部分行业的"FROM"指标的颜色分布在不同时段内均没有明显变化，即各行业从其他行业接收的溢出强度在样本期间内均保持较高水平。

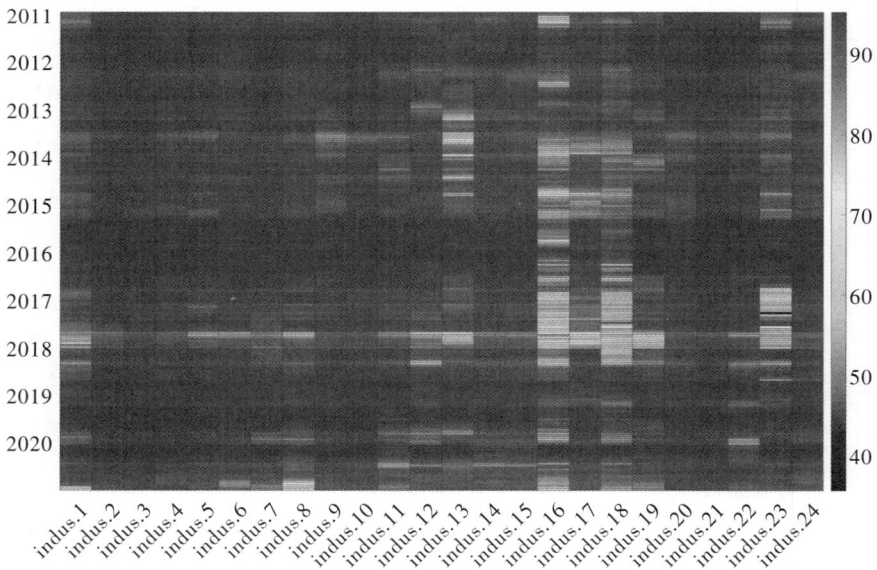

图6-3 各行业"FROM"指标动态演变热力图

表6-5　　　各行业"FROM"指标动态演变（取年度均值）

	2011	2012	2013	2014	2015	2016	2017	2018	2019	2020
Ind.1	91.42	92.80	91.05	91.08	93.04	92.15	86.38	90.17	91.56	89.85
Ind.2	94.14	93.96	93.04	93.35	94.36	94.11	90.86	93.60	93.18	92.60
Ind.3	94.36	94.29	93.54	93.50	94.10	94.42	92.45	93.80	93.64	92.90
Ind.4	93.42	93.49	91.80	92.89	93.48	93.97	91.35	93.24	93.31	92.13
Ind.5	93.78	93.58	91.78	92.18	93.16	93.76	89.34	93.29	93.15	91.74
Ind.6	93.66	93.28	92.59	92.87	94.14	94.27	90.47	93.48	92.85	90.55
Ind.7	94.25	94.15	93.09	93.46	94.24	94.23	89.68	92.29	91.52	90.96
Ind.8	93.67	93.28	92.18	92.47	93.63	93.84	89.15	91.93	91.07	85.60
Ind.9	93.42	93.53	88.92	91.08	93.19	94.13	91.49	93.22	92.76	91.77
Ind.10	94.25	94.06	91.76	93.02	94.11	94.09	91.87	93.44	93.30	91.88
Ind.11	93.47	92.76	91.30	90.11	93.99	93.91	90.23	92.62	90.97	87.83
Ind.12	92.21	91.03	90.41	91.97	93.84	93.29	87.81	89.79	89.53	90.33
Ind.13	92.36	91.14	79.44	85.17	92.58	91.82	85.78	91.82	90.66	89.61
Ind.14	91.84	92.66	91.16	91.77	93.34	93.83	90.84	92.07	91.59	88.96
Ind.15	93.64	92.14	91.02	92.35	94.05	94.30	90.80	92.18	91.84	89.71
Ind.16	87.39	88.05	86.60	82.28	83.76	81.62	69.98	86.97	86.63	85.95
Ind.17	92.55	92.43	88.54	88.03	89.23	91.95	82.80	92.43	91.64	91.40
Ind.18	91.26	89.96	87.58	85.40	88.55	81.78	63.89	87.38	88.17	88.09
Ind.19	93.00	92.46	90.85	88.94	92.96	92.16	85.42	90.52	91.52	89.19
Ind.20	93.92	93.60	90.93	91.45	92.73	94.01	91.40	92.25	92.61	92.05
Ind.21	94.19	94.16	92.47	93.29	94.16	94.33	91.96	93.22	92.33	91.85
Ind.22	93.73	93.49	91.51	92.60	93.73	93.76	90.88	91.21	88.84	89.93
Ind.23	89.70	91.55	89.21	88.68	90.92	87.43	70.75	90.10	91.30	91.10
Ind.24	93.03	92.79	91.99	92.30	93.44	94.07	91.11	92.36	92.13	90.97

注释：Ind.i代表第 i 个行业，详见附录中的附表A–1。

6.3.2.3 动态净溢出效应分析

图6-4揭示了基于滚动窗口分析法得到的各行业"NET"指标的动态演变特征，通过该指标来考察中国股市中各行业的风险净溢出效应的动态变化特点，即识别各行业在样本期间内的各时间段中是风险的主要接收者还是主要输出者，图中各列对应的是24个行业"NET"值在样本期间（2011—2020年）内的动态变化，"NET"指标的大小同样通过不同颜色进行区分，不同颜色代表的具体情况与上文中有关动态"TO"和"FROM"指标分析的内容一致。此外，为方便观察样本期间内几个重要的国内外极端金融事件对各行业动态净溢出效应的具体影响，这里同样将各行业"NET"指标动态演变数值按年度取平均值，具体见表6-6。可以发现：（1）在同一时间点，各行业的"NET"指标的颜色分布具有明显差距，即在固定时间范围内各行业对其他行业的净溢出强度的差距较大，这点与全样本静态分析中的结论一致。（2）各行业的"NET"指标的变化与"TO"指标的变化趋势较为一致，而与"FROM"指标的变化趋势关联较小，说明某行业的风险净溢出强度主要取决于该行业对其他行业的风险溢出强度。（3）个别行业（资本货物、零售业、技术硬件与设备、电信服务）的"NET"指标显示，在2018年中美贸易摩擦时期，各行业对其他行业的风险净溢出强度在样本期间内主要处于中等程度，部分在2018年中美贸易摩擦事件中受影响较大的行业会暂时成为股市中高水平的风险净溢出者。

一些行业（材料、资本货物、电信服务、技术硬件与设备、零售业）的"NET"指标显示这些行业在样本期间内始终对股市中其他行业具有较高水平的风险净溢出强度，属于股市中的主要风险输出者。样本期间内发生的国内外极端金融事件对这些行业的净溢出强度具有较大的影响，这些行业的"NET"指标在此期间显著提高，即这些行业的风险溢出强度对外界因素冲击具有较高敏感性。

一些行业（银行、保险、家庭与个人用品）的"NET"指标显示这些行业在样本期间内始终对股市中其他行业具有极低水平的风险净溢出强度，属于股市中的主要风险接收者。国内外极端金融事件对这些行业的风险净溢出水平具有较大影响，这些行业的"NET"指标在此期间显著下降，即这些行业的风险净溢出水平对外界因素冲击具有较高敏感性。

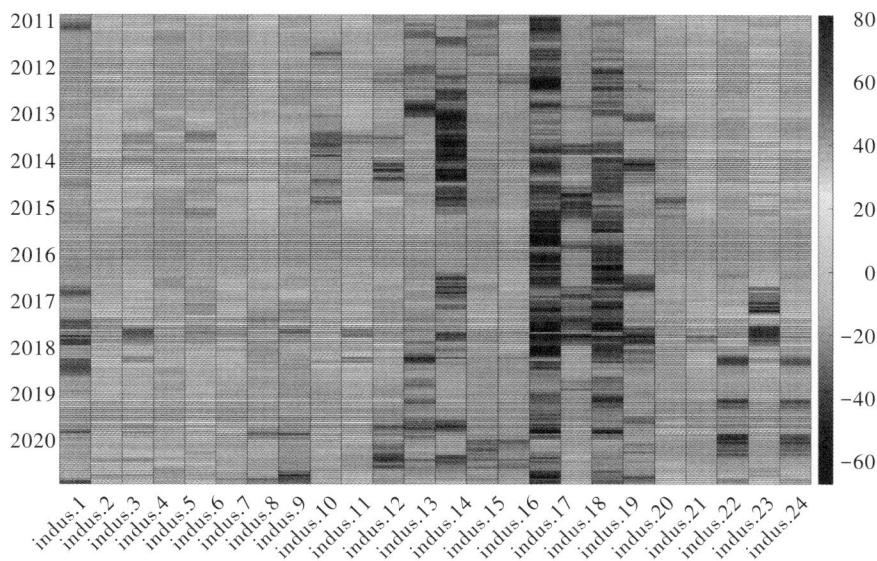

图6-4　各行业"NET"指标动态演变热力图

表6-6　　　各行业"NET"指标动态演变（取年度均值）

	2011	2012	2013	2014	2015	2016	2017	2018	2019	2020
Ind.1	-10.12	-2.70	-2.82	-2.15	1.31	-8.27	-16.34	-15.43	-2.06	-0.19
Ind.2	15.45	12.79	21.86	20.41	16.05	9.20	12.04	18.03	14.28	22.83
Ind.3	19.26	20.83	30.17	24.99	11.10	14.89	29.94	20.46	21.77	24.26
Ind.4	2.57	7.87	7.03	10.37	0.81	4.28	15.34	9.46	15.44	14.74
Ind.5	8.41	8.35	5.20	6.06	2.52	5.83	-0.95	14.73	16.89	10.30
Ind.6	4.25	2.43	13.79	12.63	13.31	13.01	12.08	15.07	9.47	6.79
Ind.7	15.98	18.03	22.66	23.53	17.53	12.69	2.54	2.13	2.34	4.15
Ind.8	7.69	4.70	9.59	8.72	5.35	8.73	-1.97	-1.65	-1.75	-14.62
Ind.9	1.61	6.58	-14.90	-9.41	-1.46	6.47	13.83	12.15	8.17	10.50
Ind.10	15.06	17.44	9.00	16.38	12.76	12.00	20.91	19.56	18.01	9.03
Ind.11	3.96	0.98	0.06	-11.81	11.16	7.90	5.41	10.92	-7.89	-19.84

续表

	2011	2012	2013	2014	2015	2016	2017	2018	2019	2020
Ind.12	−12.09	−17.20	−8.12	4.96	10.15	0.21	−5.79	−16.80	−18.20	−4.16
Ind.13	−10.71	−20.09	−42.04	−38.34	−9.15	−15.76	−15.42	−3.24	−6.47	−8.72
Ind.14	−17.10	0.13	−0.42	−4.06	−1.65	2.58	9.00	−3.47	−1.60	−15.38
Ind.15	6.75	−4.10	−3.63	6.38	12.27	11.56	11.65	−0.59	1.60	−9.55
Ind.16	−32.98	−36.04	−22.72	−31.31	−41.87	−36.23	−40.44	−28.60	−28.67	−22.54
Ind.17	−6.23	−5.87	−10.68	−10.60	−19.74	−12.61	−27.09	−1.16	−0.29	9.30
Ind.18	−13.65	−25.08	−19.53	−29.22	−28.20	−36.59	−36.10	−22.68	−24.17	−14.53
Ind.19	−1.05	−6.09	−6.87	−13.93	0.43	−10.82	−15.39	−12.55	−3.10	−11.50
Ind.20	9.42	8.82	−0.15	−4.01	−8.78	3.90	11.05	0.20	7.13	11.46
Ind.21	15.53	17.57	14.56	17.42	10.07	9.79	23.04	10.66	5.35	10.59
Ind.22	6.26	4.62	3.14	5.59	0.69	2.61	13.78	−10.68	−18.12	−10.80
Ind.23	21.37	21.32	20.10	24.24	14.93	18.41	47.58	15.31	9.05	14.26
Ind.24	8.70	7.80	7.42	9.60	3.37	4.51	18.53	−6.13	−13.06	−4.90

注释：Ind.i 代表第 i 个行业，详见附录中的附表 A-1。

一些行业（能源，消费者服务，媒体，食品与主要用品零售，食品、饮料与烟草，多元金融，房地产，半导体与半导体生产设备，公用事业）的"NET"指标在样本期间内对应的颜色变化显著且幅度较大，即这些行业在样本期间内对股市中其他行业的风险净溢出强度呈现明显动态性变化，且这些行业在股市中的溢出角色（主要风险接收者或风险输出者）发生多次变化，但是这些行业的风险净溢出强度对外界因素冲击（国内外极端金融事件）的敏感性较低。

一些行业（商业和专业服务、汽车与汽车零部件、运输、耐用消费品与服装）的"NET"指标显示这些行业在样本期间内对股市中其他行业的风险净溢出强度较弱，既不是股市中的主要风险接收者也不是主要风险输出者，且这些行业的风险净溢出水平对外界因素冲击敏感性较差。

6.4 股市行业间风险溢出路径研究

6.3节分别从整体与个体的角度分析了中国股市行业间的风险溢出效应，但网络中的个体之间通常存在集群效应或"富人俱乐部"效应，例如中国股市跨区域波动溢出网络以及G20国家间的波动溢出网络等。因此，本节旨在使用块模型将行业间波动溢出网络划分为不同类型的集群，分析集群内部和集群之间的风险溢出效应，即将各行业划分成具有不同功能属性的板块，并分析各功能板块间的风险溢出特征。

6.4.1 全样本静态视角下的股市行业间风险溢出路径

基于6.3节中计算得到的行业间的风险波动溢出矩阵（网络），本节通过块模型将中国股市中24个行业按照功能划分为不同的聚集团体（位置或块），从而有效观察各行业间的聚集特征并确定各位置（块）在风险波动溢出过程中的具体作用，进而有效识别各行业在风险波动传染过程中的角色功能以及股市风险跨行业传染的主要路径。该研究有助于金融市场监管部门和市场投资者了解股市风险跨行业的传染过程，优化监管及资产配置策略，从而有效防范与控制市场及投资风险。

参照应用块模型理论研究金融风险溢出方面的已有成果，利用CONCOR算法对股市行业间的风险波动溢出矩阵（网络）进行计算，选择最大分割深度为2，收敛标准为0.2。最终，将24个行业划分为四个风险溢出板块（详见表6-7）。

表6-8给出了全样本视角下4个板块间的风险波动溢出关联特征及板块类型，具体包括各板块内部的关系数、板块间的关系数、板块的预期内部关系比例以及板块的实际内部关系比例等。从各板块间的总体关联特征来看，来自板块内部的溢出关系数共有80个，而来自板块间的交叉溢出关系数共有90个，表明各板块间存在明显的风险波动溢出效应。

表6-7 **全样本视角下各板块的内部组成**

板块名称	板块内部成员组成
板块1	能源、耐用消费品与服装、消费者服务、公用事业
板块2	银行、多元金融、保险、房地产、电信服务
板块3	材料、资本货物、商业和专业服务、运输、汽车与汽车零部件、媒体、零售业、软件与服务、技术硬件与设备、半导体与半导体生产设备
板块4	食品与主要用品零售，食品、饮料与烟草，家庭与个人用品，医疗保健设备与服务，制药、生物科技与生命科学

表6-8 **全样本视角下各板块的角色划分**

	接收的关系数				板块内成员数	预期内部关系比例（％）	实际内部关系比例（％）	总接收（溢出）关系数	板块类型
	板块1	板块2	板块3	板块4					
板块1	1	3	5	1	4	13.04	10.00	10(6)	净溢出板块
板块2	3	16	9	6	5	17.39	47.06	34(29)	净溢入板块
板块3	2	5	56	18	10	39.13	69.14	81(103)	双向溢出板块
板块4	0	5	33	7	5	17.39	15.56	45(32)	经纪人板块

注释：此表显示了各板块之间的波动溢出关联特征以及各"块"在风险传染过程中扮演的角色。在表6-8中左侧的4×4方阵中，对角线元素表示各板块的内部关系，每行的和（不包含对角线元素）表示该板块输出到其他板块的关系总数。此外，该表还显示了各板块内部的成员数目、预期内部关系比例以及实际内部关系比例，且比例关系均保留2位小数。期望内部关系比例＝（板块内成员个数－1）/（全网络成员个数－1），实际内部关系比例＝板块内部关系个数/板块溢出关系总数。

接下来，关注各板块的内部聚集及内外溢出特征，板块1的内部成员共有4个（包括能源、耐用消费品与服装、消费者服务以及公用事业），其发出关系数为10个，其中来自板块1内部的关系数为1个，接收到的关系数为6个。因此，板块1的预期内部关系比例为13.04%，而实际的内部关系比例为10.00%，实际内部关系比例小于预期内部关系比例，板块产生了明显的溢出效应，而且板块内部的关系数很少，即该板块接收板块外的关系数大于对外发出的关系数，因此该板块为"净溢出板块"，在波动溢出风险的传染过程中起到"风险输出者"的作用。

板块 2 的内部成员共有 5 个（包括银行、多元金融、保险、房地产以及电信服务），其发出关系数为 29 个，其中来自板块 2 内部的关系数为 16 个，接收到的关系数为 34 个。因此，板块 2 的预期内部关系比例为 17.39%，而实际内部关系比例为 47.06%，实际内部关系比例大于预期内部关系比例。此外，板块内部和板块外部均产生了明显的溢出效应，因此该板块为"净溢入板块"，在波动溢出风险的传染过程中起到"风险承受者"的作用。

板块 3 的内部成员共有 10 个（包括材料、资本货物、商业和专业服务及运输等），其发出关系数为 103 个，其中来自板块 3 内部的关系数为 56 个，接收到的关系数为 81 个。因此，板块 3 的预期内部关系比例为 39.13%，实际内部关系比例为 69.14%，实际内部关系比例大于预期内部关系比例。此外，可以发现板块 3 的内外均具有明显的溢出效应，因此该板块为"双向溢出板块"，板块 3 在所有板块中同时发出并接收了最多的关系，对其他板块的辐射范围最广，风险溢出效应最为明显，在波动溢出风险的传染过程中起到"风险传染源"的作用。

板块 4 的内部成员共有 5 个（包括食品、饮料与烟草，医疗保健设备与服务，制药、生物科技与生命科学，家庭与个人用品，食品与主要用品零售），其发出关系数为 32 个，其中来自板块 4 内部的关系数为 7 个，接收到的关系数为 45 个。因此，板块 3 的预期内部关系比例为 17.39%，实际内部关系比例为 15.56%，实际内部关系比例小于预期内部关系比例。此外，板块内部关系数较少，说明板块内部成员间的溢出效应并不明显，板块外部具有明显的溢出效应，因此该板块为"经济人板块"，在波动溢出风险的传染过程中起到"桥梁"的作用。

为更清晰地阐释各行业间的风险波动溢出特征和具体角色，基于表 6-8 进一步求解各板块的密度矩阵和像矩阵（详见表 6-9）。根据 α-密度指标法，将 6.3 节中计算得到的行业间的风险波动溢出矩阵（网络）的整体密度 0.274 作为密度临界值，若某板块内部或两个板块间的密度大于 0.274，则表明风险的波动溢出在该板块内部或两个板块间具有明显的风险溢出效应。具体来说，如果密度矩阵中的某位置元素的密度值大于网络密度临界值，则将密度矩阵所对应的像矩阵中对应位置元素取值为1，否则，取值为0。

表6-9 密度矩阵和像矩阵

	密度矩阵				像矩阵			
	板块 1	板块 2	板块 3	板块 4	板块 1	板块 2	板块 3	板块 4
板块 1	0.150	0.150	0.278	0.063	0	0	1	0
板块 2	0.300	0.800	0.200	0.300	1	1	0	1
板块 3	0.306	0.111	0.778	0.208	1	0	1	0
板块 4	0	0.125	0.458	0.241	0	0	1	0

注释：表6-9中，左侧的4×4方阵为密度矩阵，右侧的4×4方阵为像矩阵。

通过像矩阵可以发现：（1）对角线元素值为1的板块只有板块2和板块3，表明在这两个板块内部的行业间具有明显的风险溢出关联性，呈现出典型的"富人俱乐部"效应；（2）板块2对其他板块没有任何溢出，只接收到来自板块1和板块4的直接溢出，说明该板块内部的行业是股市中风险溢出的"主要承受者"；（3）板块4与其他的板块具有最多的波动溢出关系数，其内部的行业是股市中风险的"主要传染源"；（4）板块4是典型的"经纪人板块"，该板块实现了板块3对板块2的风险溢出关联，其内部的行业在股市风险传染过程中主要起到"中介枢纽"的作用。

6.4.2 股市行业间风险溢出路径的动态演化

在样本期间内发生的多次极端金融事件均对中国股市造成了不同程度的冲击，从而引发股市的极端波动，加剧了个股及行业间的风险蔓延，加快了金融系统性风险的积累。因此，仅从6.4.1节中的静态角度分析中国股市行业板块间的风险溢出路径，并不能系统地解释行业间的风险溢出路径在整个样本时期的实际演变特征。本节从动态的视角出发，基于块模型进一步分析行业间的聚集特征（块分布特征）以及波动风险传染路径的动态演变。本节一方面以表格的形式揭示了各板块内部成员组成以及各板块的功能类型划分的动态演变特征，另一方面以网络图示的形式表明了各板块间风险波动溢出路径的动态演变过程。

图6-5显示了2011—2020年各板块间风险波动溢出路径的动态演变过程，其中节点表示各阶段中4个具有不同功能特性的板块，节点间的有向箭头代表板块间的风险波动溢出关系，紧邻节点的弧形箭头的有无表示该板块内部成员之间是否具有明显的风险波动溢出效应。附录中的附表A-4显示了各板块内部成员构成的动态演变情况。

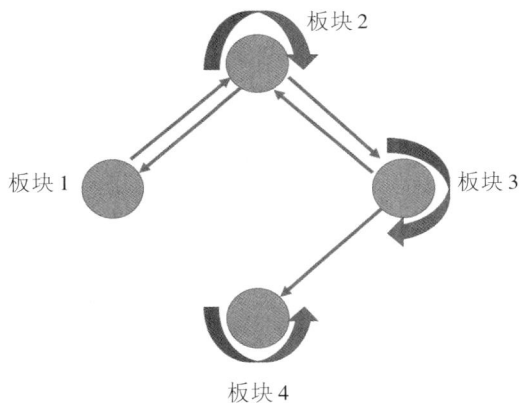

（a）2011年的风险传染路径

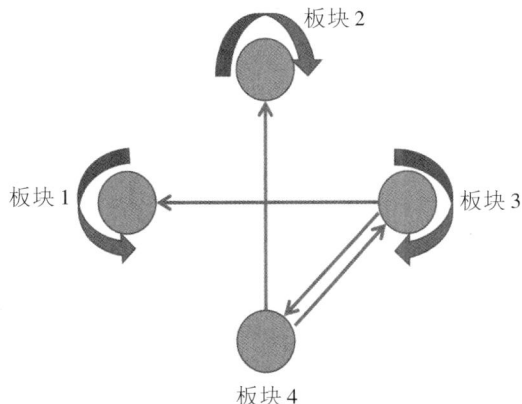

（b）2012年的风险传染路径

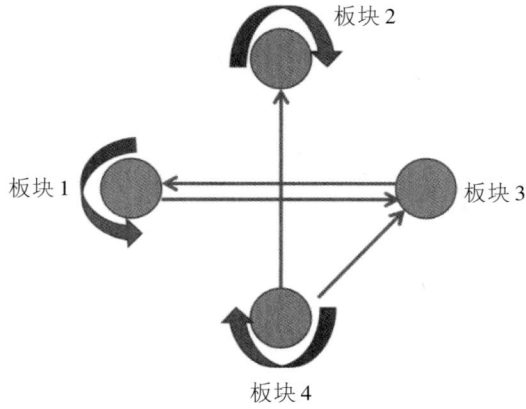

（c）2013年的风险传染路径

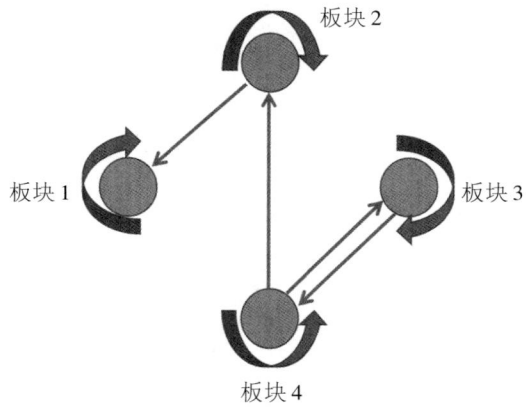

（d）2014年的风险传染路径

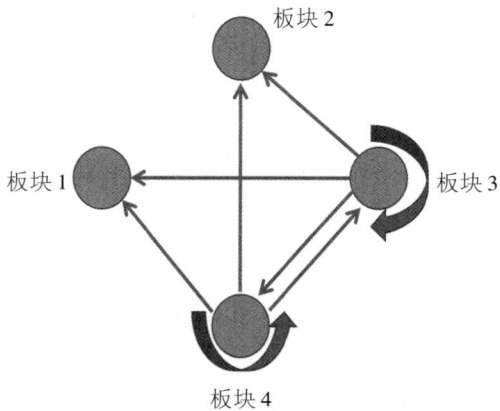

（e）2015年的风险传染路径

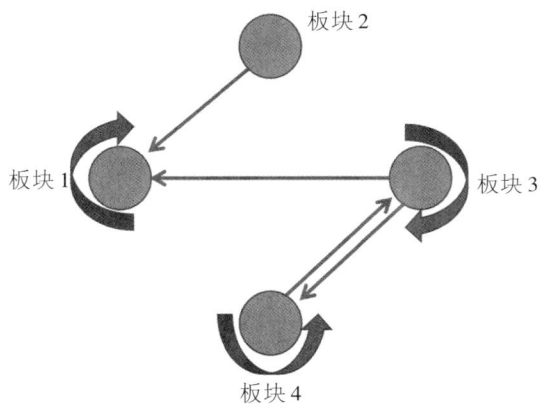

（f）2016年的风险传染路径

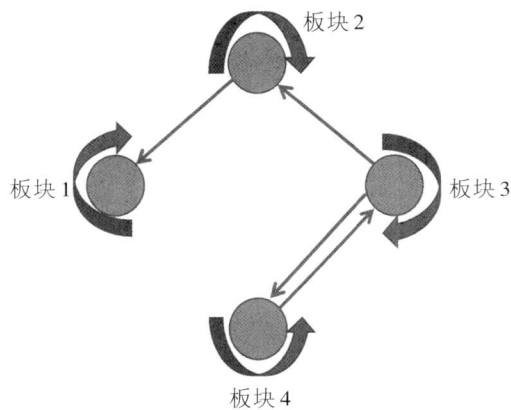

（g）2017年的风险传染路径

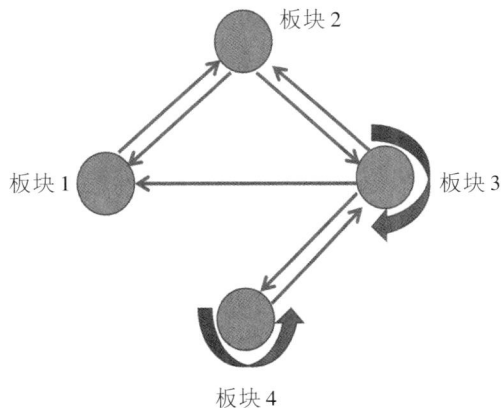

（h）2018年的风险传染路径

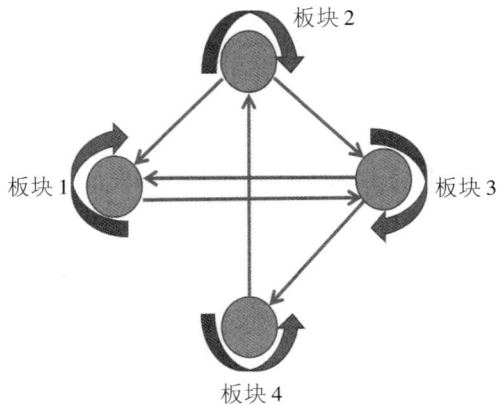

（i）2019年的风险传染路径

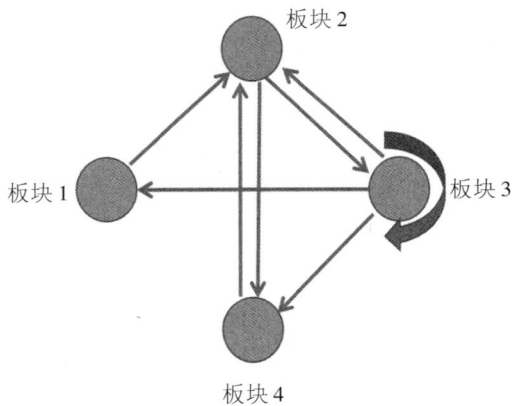

（j）2020年的风险传染路径

图6-5　不同板块间风险波动溢出路径的动态演变图（2011—2020年）

可以发现，板块间的风险波动溢出关联性及各板块的内部成员构成特征均具有明显的时变特征，且这些变化特征在股市面临国内外各类极端金融事件的冲击时表现得尤为明显。在股市处于相对平稳阶段时（2011年、2012年、2014年、2016年、2017年、2019年），大部分板块的内部成员间存在明显的风险波动溢出效应，但是来自板块间的溢出关联数却较少。这里，我们分别以2012年（作为股市处于平稳时期的代表）和2018年（作为股市处于极端金融事件发生时期的代表）为例，对各板块的功能划分、板块内部的成员构成（详见表6-10）以及板块间风险波动溢出路径进行具体分析。

表6-10　　　　　各板块的内部组成（2012年和2018年）

时期	板块	板块内部的主要成员
2012年	板块1	能源、多元金融、房地产
	板块2	耐用消费品与服装，食品、饮料与烟草，银行，保险
	板块3	材料、资本货物、商业和专业服务、运输、汽车与汽车零部件、媒体、零售业、软件与服务、技术硬件与设备、半导体与半导体生产设备、公用事业
	板块4	消费者服务，食品与主要用品零售，家庭与个人用品，医疗保健设备与服务，制药、生物科技与生命科学，电信服务
2018年	板块1	能源、银行、保险、房地产
	板块2	运输，耐用消费品与服装，食品、饮料与烟草
	板块3	材料、资本货物、商业和专业服务、汽车与汽车零部件、媒体、零售业、技术硬件与设备、半导体与半导体生产设备、电信服务
	板块4	消费者服务，食品与主要用品零售，家庭与个人用品，医疗保健设备与服务，制药、生物科技与生命科学，多元金融，软件与服务，公用事业

从图6-5（b）可以看到，在2012年，该阶段中股市风险波动溢出的传染源是板块3（其中板块3的内部成员间的溢出关系数为96，其对外溢出关系数为62，接收外部溢出关系数为20），板块3将波动风险直接传递至板块1和板块4，并通过板块4作为"风险传染中介"将波动风险间接传染至板块2，但是股市中的整体风险传染效应较弱，板块3的波动溢出主要集中于板块内部。

板块3成为该阶段股市风险波动溢出传染源的原因可能与该板块内部行业的聚集数量及行业属性有关，板块3内部的主要成员包括材料、资本货物、商业和专业服务、运输以及汽车与汽车零部件等。与其他板块相比，板块3具有最多的内部成员，且这些行业按照"一级行业"的划分标准，主要隶属于原材料、工业、信息技术及公用事业。这些行业所对应的股票在A股中占有很大比例，与其他板块内部的行业所对应的股票具有较大关联性，因此，板块3对其他板块具有较为明显的风险溢出作用。此外，板块3内部的这些行业在实际生产、制造、销售过程中具有较大的关联性，因此风险波动溢出主要集中于这些行业之间。

板块4在风险传染过程中主要扮演"风险中介"的角色，其内部主要成员是消费者服务、食品与主要用品零售、家庭与个人用品以及医疗保健设备与服务等，这些行业按照"一级行业"的划分标准，主要隶属于主要消费、医药卫生及电信业务，都是人们日常生活必需的行业。

板块1的主要成员是能源、多元金融、房地产，板块2的主要成员是耐用消费品与服装，食品、饮料与烟草，银行，保险。板块1和板块2在风险传染过程中主要扮演"风险承受者"的角色，究其原因，能源、金融、房地产、烟草、白酒等行业对应的上市公司主要为大型央企及国企，且其股票在A股市场中通常属于具有高市值的权重股，这类股票主要起到"大盘指数稳定器"的重要作用，因此会大量吸收来自其他行业个股的风险溢出。

从图6-5（h）可以看到，在2018年中美贸易摩擦期间，只有板块3和板块4的内部具有明显的风险溢出效应，但是与平稳时期相比，该阶段的板块内部溢出关系数目明显减少，即板块内部溢出效应明显减弱，板块间的波动溢出关系数却有显著提升，且传染源及行业间的风险传染路径（渠道）也明显增多，股市中总体的风险跨行业溢出效应显著。该阶段板块的类型只有"双向溢出板块"和"净溢入板块"两种，其中板块2、板块3和板块4均为"双向溢出板块"，板块1是唯一的"净溢入板块"。具体来说，板块3是风险的主要传染源，其对板块1、板块2、板块4均有直接的溢出，且溢出数目分别为12、18、58，板块4同样也对板块3具有数值为29的直接溢出，即股市整体的风险溢出主要集中于板块4和板块3间的风险溢出。

究其原因，首先观察板块3和板块4的内部构成，板块3内部的主要成员包括材料、资本货物、商业和专业服务、汽车与汽车零部件以及媒体等，板块4内部的主要成员包括消费者服务，食品与主要用品零售，家庭与个人用品，医疗保健设备与服务，制药、生物科技与生命科学等。从中美贸易摩擦事件的角度，美国贸易制裁的行业主要集中于软件与服务、技术硬件与设备、半导体与半导体生产设备、电信服务以及材料等。而中国对美国出口商品金额占比最大的是机电、音像设备及其零件附件以及耐用消费品等，这些对美国出口依赖度较高的行业及受到贸易制裁的相关行业会受到较大影响。板块 3 和板块 4 内部的行业大部分属于上述受中美贸易摩擦影响严重的行业，因此它们的风险溢出情况在贸易摩擦前、后具有较大变化，从而导致在这一阶段中行业间的风险传染路径发生了一定程度的变化。板块 1 作为唯一的"净溢入板块"，其内部主要成员为能源、银行、保险、房地产，能源、金融及房地产行业作为稳定市场指数的重要行业板块在中美贸易摩擦时期同样吸收了大量来自其他行业的风险溢出，但是可以发现与平稳时期相比，2018 年贸易摩擦期间这些行业承受压力明显加大，市场总体系统性风险积累加剧，因此这些行业也会对其他行业产生一定程度的风险溢出。由于篇幅限制，其他时期对应的行业间的风险传染路径的具体分析过程不再赘述。

6.5　本章小结

本章以中国股市中 24 个行业板块为研究对象，基于全样本静态分析与滚动窗口动态分析方法，综合运用波动溢出指数模型、复杂网络理论与社会网络中的块模型理论，从多种角度探究中国股市行业间的风险传染效应，具体研究内容包括股市行业间波动溢出网络的构建、行业间的风险溢出方向分析、各行业风险传染（接收）强度的求解、金融风险传染路径的行业聚集性分析、不同聚集板块在风险传染过程中的角色功能识别。此外，在动态分析过程中，重点分析了近些年的极端金融事件对股市金融风险跨行业溢出效应及传染路径的影响。

主要结论如下：

（1）基于 Diebold 和 Yilmaz（2014）提出的 DY 波动溢出指数模型识别各行业间的波动溢出关系并依此构建中国股市行业间的静态波动溢出网络。从静态视角研究行业间的风险溢出效应，具体包括从总溢出效应（TOTAL）、总体有向溢出效应（FROM 和 TO）及净溢出效应（NET）3

个方面来探究中国股市各行业间的风险溢出关系，识别股市中的风险主要发出者和主要接收者。实证结果表明：①从总体波动溢出效应的角度，中国股市行业间的总体风险波动溢出处于较高的水平，行业间存在较强的风险溢出效应。②从行业间总溢出（接收）的角度，各行业受到外部行业风险的溢出程度差距较小，而各行业对外部风险的溢出程度差距很明显。③从净溢出的角度，商业和专业服务、银行业分别为中国股市波动性风险的最大净输出者和净接收者。此外，多元金融、资本货物以及软件与服务等行业是股市中风险的主要净输出者，而能源、保险以及消费者服务等行业是风险的主要净接收者。④从行业间成对有向溢出的角度，具有高水平有向溢出的行业组合都具有明显的特征，即这些行业组合之间均在生产、制造、销售、资金运转以及技术支持等方面具有紧密的相关性，因此股市行业板块间的风险溢出强度与行业间的业务往来紧密程度具有一定的相关性。

（2）引入滚动窗口分析方法从动态视角研究行业间的风险溢出效应，具体包括从总溢出效应（TOTAL）、总体有向溢出效应（FROM 和 TO）及净溢出效应（NET）3 个方面来探究股市整体在不同时间段的波动溢出水平的动态演变特征，以及各行业在不同时段的风险溢出水平与溢出角色的动态轮动特征。研究结果显示：①从总体波动溢出效应的角度，总溢出指数在样本期间内均处于不同程度的震荡，且小幅度的震荡模式占据了样本期间的大部分时期。样本期间内出现的国内外各类极端事件对股市的整体波动溢出水平具有较大影响。②从行业间总溢出（接收）的角度，在固定时间范围内各行业对其他行业的溢出强度具有明显差别而各行业从其他行业接收的溢出强度的差距较小，各行业的总溢出水平具有明显的时变演化特征且各行业从其他行业接收的溢出强度在样本期间内均保持较高水平。③从净溢出的角度，在固定时间范围内各行业对其他行业的净溢出强度的差距较大，行业的风险净溢出强度主要取决于该行业对其他行业的风险溢出强度，各行业对其他行业的风险净溢出强度在样本期间内主要处于中等程度，部分在 2018 年中美贸易摩擦事件中受影响较大的行业会暂时成为股市中高水平的风险净溢出者。

（3）引入块模型方法分析中国股市行业间的风险溢出机制，通过块模型将股市中各行业划分成具有不同功能的区域集合（板块），进而分别从板块内部及板块间的角度来分析行业间的风险传染路径，并依此来识别各行业在风险传染过程中所扮演的具体角色。结果表明：①股市行业间波动溢出网络可以通过块模型被划分为四个功能不同的板块，分别是"净溢出板块""净溢入板块""双向溢出板块""经纪人板块"，通过板块的内部行业聚集及功能划分一方面可以清楚地反映风险在板块及行业间的传递过程，另一方面还能有效识别各行业在风险传染过程中所扮演的具体角色。②此外，板块内部行业的组成、板块的功能类型以及各板块之间的风险传递路径是随时间动态变化的，其表现特征在股市处于平稳期与波动期具有明显差异。该发现对金融市场监管部门和机构投资者均具有积极意义，有助于金融市场监管部门和市场投资者了解股市风险跨行业传递过程、优化监管及资产配置策略，从而有效防范与控制市场及投资风险。

第7章 研究结论及展望

7.1 主要成果及结论

在全球经济环境不确定性加剧、国际极端金融事件频发的背景下，有必要准确衡量系统性风险的大小、识别金融系统性风险的关键传染源与主要传染路径、有效分析影响系统性风险与金融稳定性的主要因素、制定风险预警机制及防范和化解系统性风险的政策方针，从而严格把控金融市场的系统性风险并维护股市及金融市场的稳定运行。考虑到金融市场和实体经济中各行业间复杂的交互行为，本书从股市中各行业板块间的关联特征及信息溢出视角出发，通过结合复杂网络理论、计量经济学、传染动力学以及计算机仿真模拟等研究方法，构建多种股市行业板块间的关联及信息溢出网络，分析行业板块间的关联聚集特性、探究股市行业关联网络拓扑结构特征及稳定性机制、识别股市中的系统重要性行业以及揭示股市中金融风险的跨行业传染机制。具体研究结论如下：

（1）关于股市行业板块间关联聚集特性的研究结果。①从各行业在股市中的影响力（重要性）的角度，中国股市行业间MST网络是典型的"无标度网络"，只有少部分行业在股市中具有重要影响力，而绝大部分行业在股市中的影响力较小，且各行业在股市中的影响力具有显著的时变演化特征。②从各节点在网络中的位置分布的角度，股市行业间MST网络呈现出明显的"核心-边缘"结构，具有重要影响力的行业在网络中处于核心位置，而影响力较小的行业处于网络中的边缘位置。③从平均相关系数和平均路径长度的角度，中国股市行业间MST网络具有典型的"小世界性"，行业间的相互关联性在国内外极端金融事件发生期间相对较强，金融风险在各行业之间的传导速度在股市极端波动时期显著提高。④根据网络的社团结构划分结果，当股市处于平稳运行阶段时，股市中各行业板块之间的聚集性程度较弱，行业间的"成团"情况较为分散化；当股市处于极端波动时期时，股市中各行业板块之间的聚集性程度显著加强，行业间的"成团"情况更趋于集中化。⑤发现三类特殊的社团结构，分别是：由同类或相近行业构成的社团结构、内部成员数目较多且汇集了多种行业的社团结构以及具有固定行业组成的社团结构。

（2）关于股市行业板块间关联网络结构稳定性的研究结果。①根据网络稳定性系数和网络系统性风险指标的动态演变特征，可以发现国内外极端金融事件均对中国股票市场造成了不同程度的影响，从而引发股市的极端波动、系统性风险加剧以及股市稳定性下降等多方面问题。②通过对股市行业关联网络进行不同类型的仿真实验（随机攻击、蓄意攻击、混合攻击），发现中国股市行业间关联网络对随机攻击具有较强的鲁棒性，但是对蓄意攻击具有脆弱性；国内外极端金融事件会明显降低中国股市行业间PMFG网络的鲁棒性，且2015年"股灾"事件比2018年"中美贸易摩擦"事件对股市网络鲁棒性的影响更大；"混合攻击"模式更接近中美贸易摩擦事件对中国股市造成的实际影响，美国贸易制裁措施促使中国股市行业间关联网络崩溃速度加快，从而使网络的鲁棒性下降并降低了中国股市的整体稳定性。③从多种角度分析影响中国股市行业间关联网络稳定性的因素，并将影响因素归纳为三类指标，分别是网络拓扑结构指标、国内宏观经济指标以及国际金融市场指标。本书研究发现：股市整体系统性风险对股市网络稳定性系数具有显著的正向影响，网络平均路径长度和网络中心化程度对股市网络稳定性系数具有显著的负向影响；国家经济发展水平对股市网络稳定性系数具有显著的负向影响，消费者物价指数和货币供应量对股市网络稳定性系数具有显著的正向影响；中国香港恒生股指涨跌情况与国际原油价格对股市网络稳定性系数具有显著的负向影响，国际金价水平对股市网络稳定性系数具有显著的正向影响。

（3）关于在波动溢出视角下识别股市中系统重要性行业的研究结果。①基于因子分析方法及5种网络中心性指标构建行业系统重要性综合评价指标，从而识别系统重要性行业及其动态演变情况。从整体角度，资本货物行业具有最大的系统重要性，是股市中的核心风险传染源；技术硬件与设备、材料、耐用消费品与服装及零售业具有较大的系统重要性，属于股市中的次级风险传染源。运输、商业和专业服务、汽车与汽车零部件、软件与服务及公用事业等行业属于股市中的"风险传染桥梁"；银行、保险及电信服务等行业属于股市中的"风险主要承受者"。②部分行业在国内外极端金融事件发生时期具有突出的表现，例如运输、媒体、汽车与汽车零部件及商业和专业服务这4个行业的系统重要性在2018年中美贸易摩擦期间显著提升，能源、软件与服务、汽车与汽车零部件及商业和专业服务这4个行业的系统重要性在新型冠状病毒感染暴发后显著提高。③股市中各行业板块的系统重要性具有明显轮动效应，究其原因：一方面，这种现象源于国内外的不同政策对股市中某些行业的利好促进（例如"新能源汽车补贴政策""三孩政策"等给部分行业带来的积极促进作用）或利空冲击（例如中美贸易摩擦期间美国对自中国进口的部分行业商品采取提高关税等贸易制裁措施等给部分行业带来的负面冲击作用）。另一方面，这种现象源于股市中部分行业具有明显的行业周期性。例如，我国典型的周期性行业包括钢铁、有色金属、煤炭、石油等，当经济高速增长时，市场对这些行业的产品需求也高涨，其在股市中的系统重要性就会提升；而当市场低迷时，对这些行业的产品需求减弱，其在股市中的系统重要性就会下降。

（4）关于在波动溢出视角下分析股市金融风险跨行业溢出效应及传

染路径的研究结果。①从总体波动溢出效应的角度，中国股市行业间的总体风险波动溢出效应处于较高的水平，行业间存在较强的风险溢出效应。②从净溢出的角度，商业和专业服务是中国股市波动风险的最大净输出者，银行业是风险的最大净接收者。此外，多元金融、资本货物及软件与服务等行业是股市中风险的主要净输出者，而能源、保险、消费者服务等行业是风险的主要净接收者。③从行业间成对有向溢出的角度，具有高强度有向溢出的行业组合之间在生产、制造、销售、资金运转、技术支持等业务方面具有紧密的相关性，因此行业间的风险传染强度与行业间的业务往来紧密程度具有一定的相关性。④根据块模型的分析结果，股市行业间波动溢出网络可以通过块模型被划分为四个功能不同的板块，分别是"净溢出板块""净溢入板块""双向溢出板块""经纪人板块"，通过板块的内部行业聚集及功能划分一方面可以清楚地反映风险在板块及行业间的传递过程，另一方面还能有效识别各行业在风险传染过程中所扮演的具体角色。此外，板块内部行业的组成、板块的功能类型以及各板块之间的风险传递路径具有时变演化特征，其表现在股市处于平稳期与波动期具有显著的差异。

7.2 研究不足与展望

本书的研究工作仍存在部分局限性，在未来的研究中可从以下几个方面加以改进：

（1）对股市中各行业间关联聚集特性以及网络结构稳定性的相关研究，首先要构建股市行业间的动态关联网络，并基于网络拓扑结构指标的动态演化特征来分析上述问题。在构建动态网络的过程中，本书采取的方法是滑动窗口分析法，选取的滑动窗口的时间跨度为季度或年度。由于国际经济环境、市场情绪、经济、政治及社会政策等外界因素的变动模式逐渐趋于多元化、复杂化及高频化，仅以季度或年度作为时间跨度来动态分析实际问题时，在精确度方面会有一定的欠缺。因此，在未来的研究中，应该将滑动窗口的时间跨度进一步缩小至月度或周度，从而更精确地识别各类外在因素（经济、政治政策及市场环境因素等）对股市行业间关联网络拓扑结构特征的影响。

（2）在分析股市中行业板块系统重要性以及板块轮动机制等相关问题时，本书选取的研究对象是 Wind 二级行业指数所对应的 24 个行业板块。然而，随着科技创新、产业融合以及社交媒体技术在股市中的快速发展，"新能源汽车""5G 应用""芯片概念""云游戏"等概念板块在股市轮动以及基金配置方面的参与度显著提升。因此，在未来的研究中，可以考虑以股市中的各类概念板块为研究对象来构建股市概念网络，并在此基础上分析投资组合与风险管理等相关问题。

（3）在行业板块系统重要性的分析中，本书主要从行业间波动溢出效应的视角出发，通过构建波动溢出网络来计算多种网络中心性指标，进而识别股市中的系统重要性行业。而实际中，行业间的信息溢出效应还包括收益溢出效应以及尾部风险溢出效应，仅从波动溢出视角出发会在分析过程中忽略部分有效信息。因此，在未来的研究中，可以构建多种行业板块间的信息溢出网络（包括收益溢出网络、波动溢出网络以及尾部风险溢出网络），从而全面有效地分析系统性风险度量与风险传染等相关问题。

（4）本书在基于 DY 波动溢出指数分析股市行业间波动溢出效应时，采用滚动窗口方法分析股市总溢出效应、行业间的有向溢出效应及净溢出效应的动态性演化。该方法有一定局限性，例如对滚动窗口大小及预测期长短的不同选择，可能会导致部分信息的损失。在未来的研究中，针对滚动窗口方法的缺陷，可以在构建行业间波动溢出指数模型时，用 TVP-VAR 模型来替换传统 DY 溢出指数模型中使用的 VAR 模型。这样有利于在分析股市行业间波动溢出效应时提高研究结果的精确性。

参考文献

[1] BATTISTON F, CENCETTI G, IACOPINI I, et al. Networks beyond pairwise interactions: structure and dynamics [J]. Physics Reports, 2020 (874): 1-92.

[2] WATTS D J, STROGATZ S H. Collective dynamics of "small-world" networks [J]. Nature, 1998, 393 (6684): 440-442.

[3] BARABASI A L, ALBERT R, JEONG H. Mean-field theory for scale-free random networks [J]. Physica A, 1999, 272 (1-2): 173-187.

[4] DOROGOVTSEV S N, MENDES J F F, SAMUKHIN A N. Structure of growth networks with preferential linking [J]. Physical Review Letters, 2000 (85): 4633-4636.

[5] DOROGOVTSEV S N, MENDES J F. Effect if the accelerating growth of communication networks on their structure [J]. Physical Review E, 2001 (63): 75-101.

[6] BIANCONI G, BARABASI A L. Competition and multiscaling in evolving networks [J]. Europhysics Letters, 2001 (54): 422-436.

[7] KRAPIVSKY P L, REDNER S. Network growth by copying [J]. Physical Review E, 2005 (71): 116-118.

[8] LIU Z, LAI Y C, NONG Y, et al. Connective distribution and attack tolerance of general networks with both preferential and random attachments [J]. Physics Letters A, 2002 (303): 337-344.

[9]　YOOK S H, JEONG H, BARABASI A L, et al. Weighted evolving networks [J]. Physical Review Letters, 2001 (86): 5835-5843.

[10]　ZHENG D, TRIMPER S, ZHENG B, et al.Weighted scale-free networks with stochastic weight assignments [J]. Physical Review E, 2003 (67): 84-102.

[11]　ALBERT R, BARABASI A L.Statistical mechanics of complex networks [J]. Reviews of Modern Physics, 2002, 74 (1): 47-97.

[12]　GIRVAN M, NEWMAN M E J. Community structure in social and biological networks [J]. Proceedings of the National Academy of Science, 2002, 9 (12): 7821-7826.

[13]　NEWMAN M E J, GIRVAN M. Finding and evaluating community structure in networks [J]. Physical Review E, 2004, 69 (2).

[14]　PATTISON P E, WASSERMAN S.Logit models and logistic regressions for social networks: multivariate relations [J]. Psychometrika, 2011, 52 (2): 169-193.

[15]　WALKER M E, WASSERMAN S, WELLMAN B.Statistical models for social support networks [J]. Sociological Methods & Research, 1993, 22 (1): 71-98.

[16]　ANDERSON C J, WASSERMAN S, FAUST K. Building stochastic blockmodels [J]. Social Networks, 2015, 14 (1): 137-161.

[17]　SHAHBAZ M, TANG C F, SHABBIR M S.Electricity consumption and economic growth nexus in Portugal using cointegration and causality approaches [J]. Energy Policy, 2011, 39 (6): 3529-3536.

[18]　SHAHBAZ M, KHAN S, TAHIR M I.The dynamic links between energy consumption, economic growth, financial development and trade in China: fresh evidence from multivariate framework analysis [J]. Energy Economics, 2013, 40 (11): 8-21.

[19]　SHAHBAZ M, MAHALIK M K, SHAH S H, et al.Time-varying analysis of co2 emissions, energy consumption, and economic growth nexus: statistical experience in next 11 countries [J]. Energy Policy, 2016, 98 (11): 33-48.

[20]　SHAHBAZ, M, HOANG, T H V, MAHALIK, M K, et al. Energy consumption, financial development and economic growth in India: new evidence from a nonlinear and asymmetric analysis [J]. Energy Economics, 2017, 63 (3): 199-212.

[21] HOCHBERG Y V, LJUNGQVIST A, LU Y. Whom you know matters: venture capital networks and investment performance [J]. The Journal of Finance, 2007, 62 (1): 251-301.

[22] FIRTH M, LIN C, LIU P, et al. The client is king: do mutual fund relationships bias analyst recommendations [J]. Journal of Accounting Research, 2013, 51 (1): 165-200.

[23] GRULLON G, UNDERWOOD S, WESTON J P. Comovement and investment banking networks [J]. Journal of Financial Economics, 2014, 113 (1): 73-89.

[24] LAKONISHOK J, SHLEIFER A, VISHNY R W. The impact of institutional trading on stock prices [J]. Journal of Financial Economics, 1992, 32 (1): 23-43.

[25] WANG G J, XIE C. Tail dependence structure of the foreign exchange market: a network view [J]. Expert Systems with Applications, 2016 (46): 164-179.

[26] ZHANG W, ZHUANG X, LU Y. Spatial spillover effects and risk contagion around G20 stock markets based on volatility network [J]. The North American Journal of Economics and Finance, 2020 (51): 101064.

[27] 谢赤, 贺慧敏, 王纲金, 等. 基于复杂网络的泛金融市场极端风险溢出效应及其演变研究 [J]. 系统工程理论与实践, 2021, 41 (8): 1926-1941.

[28] 陈少凌, 谭黎明, 杨海生, 等. 我国金融行业的系统重要性研究——基于HD-TVP-VAR模型的复杂网络分析 [J]. 系统工程理论与实践, 2021, 41 (8): 1911-1925.

[29] 黄聪, 贾彦东. 金融网络视角下的宏观审慎管理——基于银行间支付结算数据的实证分析 [J]. 金融研究, 2010 (4): 1-14.

[30] FINGER K, FRICKE D, LUX T. Network analysis of the e-MID overnight money market: the informational value of different aggregation levels for intrinsic dynamic processes [J]. Computational Management Science, 2013, 10 (2-3): 187-211.

[31] AMINI H, FILIPOVIĆ D, MINCA A. Uniqueness of equilibrium in a payment system with liquidation costs [J]. Operations Research Letters, 2016, 44 (1): 1-5.

[32] 何奕, 童牧, 吴珊, 等. 复杂金融网络中的系统性风险与流动性救助: 基

于不同网络拓扑结构的研究 [J]. 系统工程理论与实践, 2019, 39 (6): 1385-1393.

[33] BORGES M R, ULICA L, GUBAREVA M. Systemic risk in the Angolan interbank payment system—a network approach [J]. Applied Economics, 2020, 52 (45): 4900-4912

[34] NIER E, YANG J, YORULMAZER T, et al. Network models and financial stability [J]. Journal of Economic Dynamics and Control, 2007, 31 (6): 2033-2060.

[35] LENZU S, TEDESCHI G. Systemic risk on different interbank network topologies [J]. Physica A, 2012, 391 (18): 4331-4341.

[36] 李守伟, 何建敏. 不同网络结构下银行间传染风险研究 [J]. 管理工程学报, 2012, 26 (4): 71-76.

[37] MANTEGNA R N. Hierarchical structure in financial markets [J]. The European Physical Journal B, 1999, 11 (1): 193-197.

[38] BONANNO G, CALDARELLI G, LILLO F, et al. Topology of correlation-based minimal spanning trees in real and model markets [J]. Physical Review E, 2003, 68 (4): 654-666.

[39] KIM H J, LEE Y, KAHNG B, et al. Weighted scale-free network in financial correlations [J]. Journal of the Physical Society of Japan, 2002, 71 (9): 2133-2136.

[40] ONNELA J P, KASKI K, KERTÉSZ J. Clustering and information in correlation based financial networks [J]. European Physical Journal B, 2004, 38 (2): 353-362.

[41] SORAMKI K, BECH M L, ARNOLD J, et al. The topology of interbank payment flows [J]. Physica A, 2007, 379 (1): 317-333.

[42] PAN R K, SINHA S. Collective behavior of stock price movements in an emerging market [J]. Physical Review E, 2007, 76 (4): 116-121.

[43] LEE K E, LEE J W, HONG B H. Complex networks in a stock market [J]. Computer Physics Communications, 2007, 177 (1-2): 186-186.

[44] TABAK B M, SERRA T R, CAJUERIRO D O. Topological properties of stock market networks: the case of Brazil [J]. Physica A, 2010, 389 (16): 3240-3249.

[45] NAMAKI A, SHIRAZI A H, RAEI R, et al. Network analysis of a financial market based on genuine correlation and threshold method

[J]. Physica A, 2011, 390 (1): 3835-3841.

[46] LEE J, YOUN J, CHANG W. Intraday volatility and network topological properties in the Korean stock market [J]. Physica A, 2012, 391 (4): 1354-1360.

[47] LI P, WANG B H. Extracting hidden fluctuation patterns of Hang Seng stock index from network topologies [J]. Physica A, 2007, 378 (2): 519-526.

[48] 庄新田, 闵志锋, 陈师阳. 上海证券市场的复杂网络特性分析 [J]. 东北大学学报 (自然科学版), 2007, 28 (7): 1053-1056.

[49] 黄玮强, 庄新田, 姚爽. 中国股票关联网络拓扑性质与聚类结构分析 [J]. 管理科学, 2008 (3): 94-103.

[50] 蔡世民, 洪磊, 傅忠谦, 等. 基于复杂网络的金融市场网络结构实证研究 [J]. 复杂系统与复杂性科学, 2011, 8 (3): 29-33.

[51] 张来军, 杨治辉, 路飞飞. 基于复杂网络理论的股票指标关联性实证分析 [J]. 中国管理科学, 2014, 22 (12): 85-92.

[52] 李政, 梁琪, 涂晓枫. 我国上市金融机构关联性研究——基于网络分析法 [J]. 金融研究, 2016 (8): 95-110.

[53] 胡宗义, 黄岩渠, 喻采平. 网络相关性、结构与系统性金融风险的关系研究 [J]. 中国软科学, 2018 (1): 33-43.

[54] 张自力, 闫红蕾, 张楠. 股票网络、系统性风险与股票定价 [J]. 经济学 (季刊), 2020, 19 (1): 329-350.

[55] GUIMERA R, AMARAL L A N. Functional cartography of complex metabolic networks [J]. Nature, 2005, 433 (7028): 895-900.

[56] RAGHAVAN U N, ALBERT R, KUMARA S. Near linear-time algorithm to detect community structures in large-scale networks [J]. Physical Review E, 2007, 76 (3).

[57] YANG B, CHEUNG W K, LIU J. Community mining from signed networks [J]. IEEE Trans on Knowledge and Data Engineering, 2007, 19 (10): 1333-1348.

[58] BLODEL V D, GUILLAUME J L, LAMBIOTTE R, et al. Fast unfolding of communities in large networks [J]. Journal of Statistical Mechanics: Theory and Experiment, 2008 (10).

[59] JIN DI, LIU DAYOU, YANG BO, et al. Fast complex network clustering algorithm using local detection [J]. Acta Electronica Sinica, 2011, 39 (11): 2540-2546.

[60] SON S W, JEONG H, NOH J D. Random field Ising model and community structure in complex networks [J]. The European Physical Journal B, 2006, 50 (3): 431-437.

[61] 王娟, 王卫华. 基于复杂网络的股票社团化分析 [J]. 武汉理工大学学报 (信息与管理工程版), 2010, 32 (5): 829-831.

[62] 兰旺森, 赵国浩. 应用复杂网络研究板块内股票的强相关性 [J]. 中山大学学报 (自然科学版), 2010, 49 (S1): 65-69.

[63] 马源源, 庄新田, 李凌轩. 沪深两市股权关联网络的社团结构及其稳健性 [J]. 系统工程理论与实践, 2011, 31 (12): 2241-2251.

[64] 宋宜飞, 邵峰晶, 孙仁诚. 上海证券市场A股股票网络复杂特性分析 [J]. 青岛大学学报 (自然科学版), 2015, 28 (1): 53-60.

[65] 谢邦昌, 游涛. 金融危机前后中信行业指数联动效应及其社团结构比较 [J]. 商业经济与管理, 2015 (1): 80-87.

[66] 金永红, 章琦. 中国风险投资网络的网络特性与社团结构研究 [J]. 系统工程学报, 2016, 31 (2): 166-177.

[67] MEHMET A B. Hierarchies in communities of borsa istanbul stock exchange [J]. Hacettepe University Bulletin of Natural Sciences & Engineering, 2016, 47 (145): 1-1.

[68] 王雪, 张楠. 混合隶属度对股票复杂网络社团划分的信息揭示功能研究 [J]. 情报科学, 2018, 36 (7): 111-117.

[69] 杨晓, 赵晓兵. 基于协变量的混合隶属度随机块模型的社区发现方法 [J]. 统计与决策, 2021, 37 (20): 15-19.

[70] 李延双, 庄新田, 王健, 等. 极端行情下中国股市社团结构及系统性风险分析 [J]. 东北大学学报 (自然科学版), 2020, 41 (10): 1500-1508.

[71] 叶五一, 韦伟, 缪柏其. 基于非参数时变Copula模型的美国次贷危机传染分析 [J]. 管理科学学报, 2014, 17 (11): 151-158.

[72] 叶五一, 肖丽华, 缪柏其. 基于变系数分位点回归的金砖四国金融稳定分析 [J]. 管理科学学报, 2018, 21 (5): 44-52.

[73] 刘烨, 方立兵, 李冬昕, 等. 融资融券交易与市场稳定性: 基于动态视角的证据 [J]. 管理科学学报, 2016, 19 (1): 102-116.

[74] 余湄, 张堃, 汪寿阳, 等. 外汇储备与金融脆弱性关系研究——基于金砖五国的实证分析 [J]. 管理评论, 2020, 32 (1): 3-12.

[75] MAY R. Will a large complex system be stable? [J]. Nature, 1972, 238 (5364): 413-414.

[76] 李耀华, 姚洪兴. 股市网络的稳定性分析 [J]. 武汉理工大学学报 (信息

与管理工程版），2009，31（6）：965-968.

[77] 卞曰瑭，何建敏，庄亚明. 股市投资网络模型构建及其稳定性 [J]. 系统工程，2011，29（12）：19-25.

[78] CACCIOLI F，FARMER J D，FOTI N，et al. Overlapping portfolios，contagion，and financial stability [J]. Journal of Economic Dynamics and Control，2015，51（2）：50-63.

[79] 邵华明，马永谈，朱涛. 股票市场稳定性测度及其作用机制——基于复杂网络模型视角的分析 [J]. 财经科学，2017（5）：54-66.

[80] ZHANG W P，ZHUANG X T. The stability of chinese stock network and its mechanism [J]. Physica A，2019（515）：748-761.

[81] 刘海飞，柏巍，李冬昕，等. 沪港通交易制度能提升中国股票市场稳定性吗？——基于复杂网络的视角 [J]. 管理科学学报，2018，21（1）：97-110.

[82] PERON T，LUCIANO D F C，RODRIGUES F A. The structure and resilience of financial market networks [J]. Chaos An Interdisciplinary Journal of Nonlinear Science，2012，22（1）：193.

[83] SILVA T C，RUBENS S D S S，TABAK B M. Network structure analysis of the Brazilian interbank market [J]. Emerging Markets Review，2016，26（3）：130-152.

[84] GAO Y C，WEI Z W，WANG B H. Dynamic evolution of financial network and its relation to economic crises [J]. International Journal of Modern Physics C，2013，24（2）：1350005.

[85] 谢赤，胡雪晶，王纲金. 金融危机10年来中国股市动态演化与市场稳健研究——个基于复杂网络视角的实证 [J]. 中国管理科学，2020，28（6）：1-12.

[86] 杨子晖，周颖刚. 全球系统性金融风险溢出与外部冲击 [J]. 中国社会科学，2018（12）：69-90.

[87] 童中文，范从来，朱辰，等. 金融审慎监管与货币政策的协同效应——考虑金融系统性风险防范 [J]. 金融研究，2017（3）：16-32.

[88] MORRISON A D. Systemic risks and the 'too-big-to-fail' problem [J]. Oxford Review of Economic Policy，2012，27（3）：498-516.

[89] GOFMAN M. Efficiency and stability of a financial architecture with too-interconnected-to-fail institutions [J]. Journal of Financial Economics，2017，124（1）：113-146.

[90] YUN T S，JEONG D，PARK S. "Too central to fail" systemic risk measure

using PageRank algorithm [J]. Journal of Economic Behavior & Organization, 2019 (162): 251-272.

[91] 朱晓燕. 关于系统重要性金融机构的文献综述 [J]. 财贸实践, 2017 (4): 98-100.

[92] BILLIO M, LO A W, SHERMAN M G, et al. Econometric measures of connectedness and systemic risk in the finance and insurance sectors [J]. Social Science Electronic Publishing, 2012, 104 (3): 535-559.

[93] GIGLIO S, KELLY B, PRUITT S. Systemic risk and the macroeconomy: an empirical evaluation [J]. Journal of Financial Economics, 2016, 119 (3): 457-471.

[94] SILVA W, KIMURA H, SOBREIRO V A. An analysis of the literature on systemic financial risk: A survey [J]. Journal of Financial Stability, 2017 (28): 91-114.

[95] 杨子晖, 陈雨恬, 谢锐楷. 我国金融机构系统性金融风险度量与跨部门风险溢出效应研究 [J]. 金融研究, 2018 (10): 19-37.

[96] 范小云, 王道平, 刘澜庵. 规模关联性与中国系统重要性银行的衡量 [J]. 金融研究, 2012 (11): 16-30.

[97] 欧阳红兵, 刘晓东. 基于网络分析的金融机构系统重要性研究 [J]. 管理世界, 2014 (8): 171-172.

[98] 陈学军, 邓超. 基于PageRank的系统重要性金融机构识别模型 [J]. 系统工程, 2017, 35 (4): 1-8.

[99] 李政, 涂晓枫, 卜林. 金融机构系统性风险: 重要性与脆弱性 [J]. 财经研究, 2019, 45 (2): 100-112.

[100] HART O, ZINGALES L. How to avoid a new financial crisis [R]. Working Paper, 2009.

[101] Financial Stability Board. Guidance to assess the systemic importance of financial institutions, markets and instruments: Initial considerations [R]. Report to G20 Finance Ministers and Governors, 2009.

[102] 卜林, 李政. 我国上市金融机构系统性风险溢出研究——基于CoVaR和MES的比较分析 [J]. 当代财经, 2015 (6): 55-65.

[103] IMF. Responding to the financial crisis and measuring systemic risks [J]. Global Financial Stability Report, 2009.

[104] ILLING M, LIU Y. An index of financial stress for Canada [R]. Bank of Canada Working Paper, 2003.

[105] END J W V D, TABBAE M. Measuring financial stability: applying the

MfRisk model to the Netherlands ［R］. Netherlands Central Bank, 2005.

［106］ ARZAMASOV V, PENIKAS H.A financial stability index for Israel ［J］. Procedia Computer Science, 2014 (31): 985-994.

［107］ LOUZIS D P, VOULDIS A T.A methodology for constructing a financial systemic stress index: an application to Greece ［J］. Economic Modelling, 2012, 29 (4): 1228-1241.

［108］ DUFFIE D, PAN J.An overview of value at risk ［J］. Journal of Derivatives, 1997, 4 (3): 7-49.

［109］ ALLEN L, BALI T G, TANG Y.Does systemic risk in the financial sector predict future economic downturns ［J］. Review of Financial Studies, 2012, 25 (10): 3000-3036.

［110］ ADAMS Z, FÜSS R, GROPP R.Spillover effects among financial institutions: a state-dependent sensitivity value-at-risk approach ［J］. Journal of Financial and Quantitative Analysis, 2014 (3): 575-598.

［111］ ADRIAN T, BRUNNERMEIER M K.Covar ［J］. American Economic Review, 2016, 106 (7): 1705-1741.

［112］ GIRARDI G, ERGÜN T A.Systemic risk measurement: multivariate garch estimation of CoVaR ［J］. Journal of Banking & Finance, 2013, 37 (8): 3169-3180.

［113］ KARIMALIS E N, NOMIKOS N K.Measuring systemic risk in the European banking sector: a copula CoVaR approach ［J］. The European Journal of Finance, 2017, 24 (11): 944-975.

［114］ ACHARYA V V, PEDERSEN L H, PHILIPPON T, et al.Measuring systemic risk ［J］. Review of Financial Studies, 2017, 30 (1): 2-47.

［115］ BROWNLEES C, ENGLE R F.SRISK: A conditional capital shortfall measure of systemic risk ［J］. Review of Financial Studies, 2017, 30 (1): 48-79.

［116］ ACHARYA V, ENGLE R, RICHARDSON M.Capital shortfall: a new approach to ranking and regulating systemic risks ［J］. American Economic Review, 2012, 102 (3): 59-64.

［117］ NEVEU A R.A survey of network-based analysis and systemic risk measurement ［J］. Journal of Economic Interaction and Coordination, 2016, 13 (2): 241-281.

［118］ GLASSERMAN P, YOUNG H P.Contagion in financial networks ［J］.

Journal of Economic Literature，2016，54（3）：779-831.

[119] CACCIOLI F，BARUCCA P，KOBAYASHI T.Network models of financial systemic risk：a review［J］.Journal of Computational Social Science，2017（1）：81-114.

[120] DEGRYSE H，NGUYEN G.Interbank exposures：an empirical examination of systemic risk in the Belgian banking system［J］.Journal of International Central Banking，2007（3）：123-171.

[121] MISTRULLI P E.Assessing financial contagion in the interbank market：maximum entropy versus observed interbank lending patterns［J］.Journal of Banking & Finance，2011，35（5）：1114-1127.

[122] ANAND K，GAI P，MARSILI M.Rollover risk，network structure and systemic financial crises［J］.Journal of Economic Dynamics and Control，2012，36（8）：1088-1100.

[123] IORI G，JAFAREY S，PADILLA F G.Systemic risk on the interbank market［J］.Journal of Economic Behavior & Organization，2006，61（4）：525-542.

[124] GAI P，KAPADIA S.Contagion in financial networks［J］.Proceedings of the Royal Society A：Mathematical，Physical and Engineering Sciences，2010，466（2120）：2401-2423.

[125] ELLIOTT M，GOLUB B，JACKSON M O.Financial networks and contagion［J］.American Economic Review，2014，104（10）：3115-3153.

[126] ACEMOGLU D，OZDAGLAR A，TAHBAZ-SALEHI A.Systemic risk and stability in financial networks［J］.American Economic Review，2015，105（2）：564-608.

[127] KHABAZIAN A，PENG J.Vulnerability analysis of the financial network［J］.Management Science，2019，65（7）：3302-3321.

[128] 陈雨露，马勇.构建中国的"金融失衡指数"：方法及在宏观审慎中的应用［J］.中国人民大学学报，2013，27（1）：59-71.

[129] 解凤敏，李媛.区域性金融指数构建及其应用［J］.统计与决策，2017（18）：88-92.

[130] 张冰洁，汪寿阳，赵雪婷.基于CoES模型的我国金融系统性风险度量［J］.系统工程理论与实践，2018，38（3）：565-575.

[131] 朱衡，卓志.保险公司系统重要性识别及其影响因素研究——基于系统性风险敞口与贡献的视角［J］.保险研究，2019（3）：3-16.

[132] 马钱挺，何建敏，李守伟，等．基于内生网络的银行系统性风险研究 [J]．大连理工大学学报 (社会科学版)，2018，39 (2)：32-39.

[133] 黄玮强，范铭杰，庄新田．基于借贷关联网络的我国银行间市场风险传染 [J]．系统管理学报，2019，(5)：899-906.

[134] 李政，刘淇，梁琪．基于经济金融关联网络的中国系统性风险防范研究 [J]．统计研究，2019，36 (2)：23-37.

[135] DIEBOLD F X, YILMAZ K. Better to give than to receive：Predictive directional measurement of volatility spillovers [J]．International Journal of Forecasting，2012，28 (1)：57-66.

[136] HUANG W Q, WANG D. Systemic importance analysis of Chinese financial institutions based on return spillover network [J]．Physica A，2018 (509)：405-421.

[137] BATTAGLIA F, GALLO A. Securitization and systemic risk：an empirical investigation on Italian banks over the financial crisis [J]．International Review of Financial Analysis，2013，30 (12)：274-286.

[138] YI S, XU Z, WANG G J. Volatility connectedness in the cryptocurrency market：is Bitcoin a dominant cryptocurrency？[J]．International Review of Financial Analysis，2018 (60)：98-114.

[139] MAGHYEREH A I, AWARTANI B, BOURI E. The directional volatility connectedness between crude oil and equity markets：new evidence from implied volatility indexes [J]．Energy Economics，2016 (57)：78-93.

[140] NISHIMURA Y, SUN B. The intraday volatility spillover index approach and an application in the Brexit vote [J]．Journal of International Financial Markets，Institutions and Money，2018，55 (7)：241-253.

[141] OMRANE W B, HAFNER C M. Information spillover，volatility and the currency markets [J]．International Econometric Review，2009 (1)：50-62.

[142] CANARELLA G, SAPRA S K, POLLARD S K. Asymmetry and spillover effects in the north American equity markets [J]．Economics Discussion Papers，2007，1 (12)：1-52.

[143] BATHIA D, BREDIN D, NITZSCHE D. International sentiment spillovers in equity returns [J]．International Journal of Finance and Economics，2016，21 (4)：332-359.

[144] MAGHYEREH A, AWARTANI B. Return and volatility spillovers between

Dubai financial market and Abu dhabi stock exchange in the UAE [J]. Applied Financial Economics，2012，22（10）：837-848.

［145］宫晓莉，熊熊，张维. 我国金融机构系统性风险度量与外溢效应研究 [J]. 管理世界，2020，36（8）：65-83.

［146］范奎，赵秀娟，汪寿阳. 全球主要股市间信息溢出的变异性研究 [J]. 管理科学学报，2010，13（9）：87-97.

［147］LI Y，GILES D E.Modelling volatility spillover effects between developed stock markets and Asian emerging stock markets [J]. International Journal of Finance & Economics，2015，20（2）：155-177.

［148］BUNCIC D，GISLER K I M.Global equity market volatility spillovers：a broader role for the United States [J]. International Journal of Forecasting，2016，32（4）：1317-1339.

［149］LIU L.Extreme downside risk spillover from the United States and Japan to Asia-Pacific stock markets [J]. International Review of Financial Analysis，2014（33）：39-48.

［150］SHAHZAD S J H，MENSI W，HAMMOUDEH S，et al. Extreme dependence and risk spillovers between oil and Islamic stock markets [J]. Emerging Markets Review，2018（34）：42-63.

［151］JI Q，LIU B Y，NEHLER H，et al. Uncertainties and extreme risk spillover in the energy markets：a time-varying copula-based CoVaR approach [J]. Energy Economics，2018（76）：115-126.

［152］梁琪，李政，郝项超. 中国股票市场国际化研究：基于信息溢出的视角 [J]. 经济研究，2015，50（4）：150-164.

［153］WANG G J，XIE C，HE K，et al. Extreme risk spillover network：application to financial institutions [J]. Quantitative Finance，2017，17（9）：1417-1433.

［154］刘超，徐君慧，周文文. 中国金融市场的风险溢出效应研究——基于溢出指数和复杂网络方法 [J]. 系统工程理论与实践，2017，37（4）：831-842.

［155］宫晓莉，熊熊. 波动溢出网络视角的金融风险传染研究 [J]. 金融研究，2020（5）：39-58.

［156］杨子晖，陈里璇，陈雨恬. 经济政策不确定性与系统性金融风险的跨市场传染——基于非线性网络关联的研究 [J]. 经济研究，2020，55（1）：65-81.

［157］杨子晖，陈雨恬，张平淼. 重大突发公共事件下的宏观经济冲击、金融风

险传导与治理应对 [J]. 管理世界，2020，36（5）：13-35.

[158] 杨子晖，王姝黛. 行业间下行风险的非对称传染：来自区间转换模型的新证据 [J]. 世界经济，2020，43（6）：28-51.

[159] 杨子晖. 金融市场与宏观经济的风险传染关系——基于混合频率的实证研究 [J]. 中国社会科学，2020（12）：160-180.

[160] LI Y, ZHUANG X, WANG J, et al. Spatial linkage of volatility spillovers and its explanation across China's interregional stock markets： a network approach [J]. Applied Economics Letters, 2020 (11)：1-7.

[161] MILO R, ITZKOVITZ S, KASHTAN N, et al. Superfamilies of evolved and designed networks [J]. Science, 2004, 303 (5663)：1538-1542.

[162] COSTA L D F, RODRIGUES F A, TRAVIESO G, et al. Characterization of complex networks： a survey of measurements [J]. Advances in Physics, 2007, 56 (1)：167-242.

[163] RADICCHI F, CASTELLANO C, CECCONI F, et al. Defining and identifying communities in networks [J]. Proceedings of the National Academy of Sciences of the United States of America, 2004, 101 (9)：2658-2663.

[164] WHITE H C, BOORMAN S A, BREIGER R L. Social structure from multiple networks I： block models of roles and positions [J]. American Journal of Sociology, 1976 (81)：730-779.

[165] BREIGER R L. Career attributes and network structure： a block model study of a biomedical research specially [J]. American Sociological Review, 1976 (41)：117-135.

[166] SNYDER D, KICK E L. Structural position in the world system and economic growth, 1955—1970： a multiple network analysis of transitional interactions [J]. American Journal of Sociology, 1979 (84)：1096—1126.

[167] LI J, CHEN S, WAN G H, ET AL. Study on the spatial correlation and explanation of regional economic growth in China [J]. Economic Research Journal, 2014 (11)：4-16.

[168] ZHANG W P, ZHUANG X T, WU D M. Spatial connectedness of volatility spillovers in G20 stock markets： based on block models analysis [J]. Finance Research Letters, 2020 (34)：101274.

[169] SHEN L, LIU Y, LI W J. China's regional financial risk spatial

correlation network and regional contagion effect: 2009—2016 [J]. Management Review, 2019, 31 (8): 35-48.

[170] WASSERMAN S, FAUST K. Social network analysis: methods and application [M]. Cambridge: Cambridge University Press, 1994.

[171] BURT R S.Positions in Networks [J]. Social Forces, 1976, 55 (1): 93-93.

[172] 金春雨, 张浩博. 我国股票市场行业板块流动性的溢出效应研究 [J]. 经济纵横, 2016 (12): 108-111.

[173] 黄乃静, 张冰洁, 郭冬梅, 等. 中国股票市场行业间金融传染检验和风险防范 [J]. 管理科学学报, 2017 (12): 19-28.

[174] 余乐安, 查锐, 贺凯健, 等. 国际油价与中美股价的相依关系研究——基于不同行业数据的分析 [J]. 中国管理科学, 2018 (11): 74-82.

[175] LI Y, ZHUANG X, WANG J, et al. Analysis of the impact of Sino-US trade friction on China's stock market based on complex networks [J]. The North American Journal of Economics and Finance, 2020 (52): 101185.

[176] 杨敏利, 党兴华. 风险投资机构的网络位置对IPO期限的影响 [J]. 中国管理科学, 2014, 22 (7): 140-148.

[177] LI Y, ZHUANG X, WANG J.Analysis of the cross-region risk contagion effect in stock market based on volatility spillover networks: evidence from China [J]. North American Journal of Economics and Finance, 2021 (52): 101359.

[178] LI Y, ZHUANG X, WANG J, et al.Analysis of the impact of COVID-19 pandemic on G20 stock markets [J]. North American Journal of Economics and Finance, 2021 (58): 101530.

[179] BOLLERSLEV T, CHOU R Y, KRONER K F.ARCH modeling in finance [J]. Journal of Econometrics, 1992, 52 (1-2): 5-59.

附 录

附表A-1　中国股市中24个行业板块的名称、缩写及节点编号

Appendix A-1　The names，abbreviations and node numbers of 24 sectors in China's stock market

编号	行业名称	缩写	编号	行业名称	缩写
1	能源	Ind.1	13	家庭与个人用品	Ind.13
2	材料	Ind.2	14	医疗保健设备与服务	Ind.14
3	资本货物	Ind.3	15	制药、生物科技与生命科学	Ind.15
4	商业和专业服务	Ind.4	16	银行	Ind.16
5	运输	Ind.5	17	多元金融	Ind.17
6	汽车与汽车零部件	Ind.6	18	保险	Ind.18
7	耐用消费品与服装	Ind.7	19	房地产	Ind.19
8	消费者服务	Ind.8	20	软件与服务	Ind.20
9	媒体	Ind.9	21	技术硬件与设备	Ind.21
10	零售业	Ind.10	22	半导体与半导体生产设备	Ind.22
11	食品与主要用品零售	Ind.11	23	电信服务	Ind.23
12	食品、饮料与烟草	Ind.12	24	公用事业	Ind.24

附表A-2　　　　　社团内部成员组成在不同时期的动态演变

Appendix A-2　The dynamic evolution of the communities' internal composition in different periods

网络	社团编号	社团内部主要成员
N2011	社团1	Ind.1，Ind.2，Ind.3，Ind.6，Ind.23，Ind.24
	社团2	Ind.4，Ind.9，Ind.20，Ind.21，Ind.22
	社团3	Ind.7，Ind.8，Ind.13，Ind.19
	社团4	Ind.5，Ind.16，Ind.17，Ind.18
	社团5	Ind.10，Ind.11，Ind.12，Ind.14，Ind.15
N2012	社团1	Ind.8，Ind.10
	社团2	Ind.4，Ind.7，Ind.9，Ind.20，Ind.21，Ind.22
	社团3	Ind.2，Ind.3，Ind.6，Ind.19，Ind.23，Ind.24
	社团4	Ind.1，Ind.5，Ind.16，Ind.17，Ind.18
	社团5	Ind.11，Ind.12，Ind.13，Ind.14，Ind.15
N2013	社团1	Ind.1，Ind.2，Ind.16，Ind.17，Ind.18
	社团2	Ind.4，Ind.9，Ind.20，Ind.21，Ind.22，Ind.23
	社团3	Ind.3，Ind.5，Ind.6，Ind.7，Ind.8，Ind.10，Ind.11，Ind.12，Ind.19，Ind.24
	社团4	Ind.13，Ind.14，Ind.15
N2014	社团1	Ind.3，Ind.5，Ind.23
	社团2	Ind.1，Ind.16，Ind.17，Ind.18
	社团3	Ind.6，Ind.7，Ind.8，Ind.12，Ind.13，Ind.19
	社团4	Ind.2，Ind.10，Ind.11，Ind.24
	社团5	Ind.4，Ind.9，Ind.14，Ind.15，Ind.20，Ind.21，Ind.22

续表

网络	社团编号	社团内部主要成员
N2015	社团 1	Ind.6，Ind.7，Ind.12，Ind.14，Ind.15，
	社团 2	Ind.4，Ind.9，Ind.20，Ind.21，Ind.22
	社团 3	Ind.2，Ind.8，Ind.10，Ind.11，Ind.13，Ind.19
	社团 4	Ind.1，Ind.3，Ind.5，Ind.16，Ind.17，Ind.18，Ind.23，Ind.24
N2016	社团 1	Ind.1，Ind.2，Ind.3，Ind.10
	社团 2	Ind.4，Ind.9，Ind.20，Ind.21，Ind.22
	社团 3	Ind.8，Ind.11，Ind.19
	社团 4	Ind.6，Ind.7，Ind.12，Ind.13，Ind.14，Ind.15
	社团 5	Ind.5，Ind.16，Ind.17，Ind.18，Ind.23，Ind.24
N2017	社团 1	Ind.7，Ind.11，Ind.12，Ind.14，Ind.15
	社团 2	Ind.8，Ind.21，Ind.22，Ind.23
	社团 3	Ind.16，Ind.17，Ind.18
	社团 4	Ind.1，Ind.2，Ind.3，Ind.4，Ind.5，Ind.6，Ind.9，Ind.10，Ind.13，Ind.19，Ind.20，Ind.24
N2018	社团 1	Ind.1，Ind.2，Ind.5，Ind.8，Ind.16，Ind.18，Ind.19
	社团 2	Ind.6，Ind.7，Ind.12
	社团 3	Ind.10，Ind.11，Ind.13，Ind.14，Ind.15
	社团 4	Ind.3，Ind.4，Ind.9，Ind.17，Ind.20，Ind.21，Ind.22，Ind.23，Ind.24
N2019	社团 1	Ind.1，Ind.2，Ind.3，Ind.4，Ind.6，Ind.24
	社团 2	Ind.9，Ind.20，Ind.21，Ind.22，Ind.23
	社团 3	Ind.5，Ind.8，Ind.10，Ind.17
	社团 4	Ind.11，Ind.12，Ind.13，Ind.14，Ind.15
	社团 5	Ind.7，Ind.16，Ind.18，Ind.19
N2020	社团 1	Ind.7，Ind.8，Ind.11，Ind.12，Ind.13，Ind.14，Ind.15
	社团 2	Ind.1，Ind.2，Ind.5，Ind.16，Ind.17，Ind.18，Ind.19，Ind.24
	社团 3	Ind.3，Ind.4，Ind.6，Ind.9，Ind.10，Ind.20，Ind.21，Ind.22，Ind.23

附表A-3

全样本静态视角下行业间波动溢出矩阵

Appendix A-3　Inter-industry volatility spillover matrix from the full-sample static perspective

行业	Ind.1	Ind.2	Ind.3	Ind.4	Ind.5	Ind.6	Ind.7	Ind.8	Ind.9	Ind.10	Ind.11	Ind.12	Ind.13	Ind.14	Ind.15	Ind.16	Ind.17	Ind.18	Ind.19	Ind.20	Ind.21	Ind.22	Ind.23	Ind.24	FROM
Ind.1	26.11	11.80	4.63	2.32	4.39	2.32	1.70	1.00	1.98	1.76	1.29	0.34	1.13	0.67	1.57	1.34	5.34	3.21	1.74	1.28	1.98	2.73	6.42	12.94	73.89
Ind.2	4.96	10.71	7.66	5.96	5.87	4.29	2.78	1.00	3.88	4.08	1.60	3.64	5.43	3.84	4.47	0.10	4.36	0.49	1.47	4.59	5.44	4.25	3.13	6.00	89.29
Ind.3	1.62	6.48	9.08	6.47	4.01	6.00	2.81	1.99	4.08	4.96	3.40	4.19	4.74	4.59	4.29	0.15	4.21	0.39	1.09	6.00	6.64	6.18	2.24	4.38	90.92
Ind.4	0.80	4.55	5.80	8.30	5.39	4.12	3.22	1.62	5.26	5.56	3.54	4.80	6.12	4.41	4.88	0.25	4.60	1.21	2.11	6.69	6.52	4.24	3.60	2.41	91.70
Ind.5	1.90	5.56	4.44	6.39	9.98	1.85	3.67	0.96	4.26	5.68	2.26	4.81	5.41	4.00	4.90	1.11	4.65	3.40	3.36	5.13	4.42	2.51	5.08	4.27	90.02
Ind.6	1.13	5.11	8.16	6.11	2.46	12.40	4.21	0.98	5.43	5.11	3.23	3.30	5.56	3.75	3.48	0.39	3.91	0.43	2.04	4.47	6.06	5.45	2.89	3.96	87.60
Ind.7	0.84	4.01	4.89	5.96	4.88	5.10	15.30	1.48	3.62	3.91	3.37	4.56	6.45	3.57	3.35	1.51	4.54	1.20	3.40	3.74	4.89	3.56	2.53	3.32	84.70
Ind.8	0.83	1.90	5.07	2.60	2.26	2.31	2.84	28.96	1.16	1.73	10.63	6.24	4.62	5.02	3.03	1.32	6.90	0.48	0.74	4.57	3.26	2.81	0.09	0.63	71.04
Ind.9	0.93	4.09	5.01	7.04	4.83	4.96	2.82	0.64	11.38	6.61	2.22	2.91	5.70	3.57	4.02	0.49	4.92	2.30	2.10	6.96	6.09	2.83	4.84	2.73	88.62
Ind.10	0.64	3.62	5.21	6.27	5.47	3.88	2.52	2.10	5.61	9.56	3.82	4.25	4.77	3.77	4.34	0.78	5.01	2.00	3.60	6.68	5.69	4.15	4.16	2.11	90.44
Ind.11	0.67	2.15	5.09	5.47	3.28	3.77	3.42	5.78	3.03	5.07	14.25	6.71	5.77	6.28	6.44	0.30	3.80	0.44	2.46	5.87	4.20	4.04	0.87	0.84	85.75
Ind.12	0.23	4.05	5.11	6.67	5.84	3.03	3.34	2.80	3.24	5.04	5.33	11.13	6.76	6.21	5.86	0.67	3.90	0.77	2.84	5.92	4.09	2.44	2.46	2.28	88.87
Ind.13	0.41	4.80	4.90	7.01	5.26	4.13	3.63	2.11	4.87	4.87	3.82	5.55	9.42	5.09	5.96	0.72	4.92	0.99	2.80	5.99	5.15	2.17	3.09	2.34	90.58
Ind.14	0.29	4.01	5.59	5.99	5.19	3.36	2.58	2.89	3.71	4.48	5.42	6.76	6.14	11.33	9.50	1.05	4.10	0.85	1.04	5.83	3.74	3.02	1.19	1.94	88.67

续表

行业	Ind.1	Ind.2	Ind.3	Ind.4	Ind.5	Ind.6	Ind.7	Ind.8	Ind.9	Ind.10	Ind.11	Ind.12	Ind.13	Ind.14	Ind.15	Ind.16	Ind.17	Ind.18	Ind.19	Ind.20	Ind.21	Ind.22	Ind.23	Ind.24	FROM
Ind.15	0.62	4.50	5.08	6.34	5.60	3.00	2.25	1.31	3.97	4.81	4.73	5.61	6.72	9.01	10.92	0.86	4.48	1.22	1.29	6.03	4.07	2.64	2.52	2.41	89.08
Ind.16	2.27	0.72	0.92	0.88	3.62	1.29	2.60	4.25	1.53	2.69	1.46	1.36	2.55	1.39	2.06	26.48	8.36	12.42	9.84	0.70	0.26	0.25	6.07	6.01	73.52
Ind.17	2.15	4.10	4.42	5.30	4.70	3.26	3.32	2.81	4.44	4.85	2.52	3.59	5.08	3.34	4.20	3.01	10.28	3.72	3.92	5.84	4.19	2.76	4.86	3.37	89.72
Ind.18	3.00	1.21	1.24	3.10	6.58	0.80	1.67	2.46	3.46	4.38	1.23	1.45	2.20	1.27	2.19	8.52	7.65	20.94	7.82	3.41	1.60	1.05	8.04	4.71	79.06
Ind.19	2.01	2.42	1.82	3.85	5.29	2.67	4.13	1.89	2.42	5.95	4.02	3.87	4.82	0.80	1.93	5.64	6.15	6.23	16.34	2.37	2.28	1.32	7.35	4.43	83.66
Ind.20	0.45	3.91	6.00	7.29	4.76	3.22	2.37	2.01	5.69	6.37	3.72	4.34	5.61	4.78	5.17	0.16	5.33	1.44	1.30	9.12	7.14	4.60	3.56	1.66	90.88
Ind.21	0.77	5.04	7.12	7.92	4.37	4.71	3.03	1.57	5.30	5.88	2.90	3.25	5.28	3.43	3.82	0.03	4.32	0.71	1.31	7.76	9.67	6.36	3.41	2.05	90.33
Ind.22	1.33	4.96	8.59	6.87	3.42	5.50	2.97	2.39	3.34	5.29	4.11	3.10	3.05	3.61	3.19	0.21	4.01	0.79	0.92	6.60	8.20	12.49	2.36	2.74	87.51
Ind.23	3.57	4.01	3.29	5.61	6.58	3.28	2.73	0.77	5.34	5.51	0.74	2.27	3.91	1.20	2.93	2.22	5.88	4.77	5.86	5.01	4.55	2.45	12.83	4.68	87.17
Ind.24	6.29	7.31	6.70	4.30	5.25	4.52	2.35	1.39	4.08	3.68	1.57	4.27	3.93	3.35	3.32	1.96	5.00	2.21	2.77	3.28	2.89	2.89	3.92	12.75	87.25
TO	37.71	100.30	116.74	125.71	109.27	81.38	66.96	46.19	89.67	108.28	76.92	91.15	111.74	86.95	94.90	32.80	116.36	51.67	65.83	114.72	103.37	74.74	84.70	82.21	
NET	-36.17	11.02	25.82	34.01	19.25	-6.23	-17.74	-24.85	1.05	17.84	-8.83	2.28	21.15	-1.72	5.82	-40.71	26.64	-27.39	-17.83	23.85	13.04	-12.78	-2.48	-5.03	
TOTAL	86.29																								

备注：本表根据 Diebold 和 Yilmaz（2014）的 DY 波动溢出指数方法报告了中国股市 24 个行业板块之间的风险波动溢出，所有数值均保留至小数点后 2 位。"FROM"衡量某行业从其他行业收到的总溢出水平，"TO"衡量某行业传导到其他所有行业的总溢出水平，"NET"衡量某行业从其他行业收到或传导到其他行业的净溢出水平，"TOTAL"衡量股票行业市场的总体波动溢出水平。

附表A-4　　　　　板块内部成员组成在不同时期的动态演变

Appendix A-4　　The dynamic evolution of the internal composition of blocks in different periods

阶段	板块	板块内部的主要成员
2011	板块1	Ind.1，Ind.5，Ind.13，Ind.17，Ind.19
	板块2	Ind.2，Ind.3，Ind.4，Ind.6，Ind.9，Ind.10，Ind.21，Ind.24
	板块3	Ind.7，Ind.8，Ind.11，Ind.12，Ind.14，Ind.15，Ind.22，Ind.23
	板块4	Ind.16，Ind.18
2012	板块1	Ind.1，Ind.17，Ind.19
	板块2	Ind.7，Ind.12，Ind.16，Ind.18
	板块3	Ind.2，Ind.3，Ind.4，Ind.5，Ind.6，Ind.9，Ind.10，Ind.20，Ind.21，Ind.22，Ind.24
	板块4	Ind.8，Ind.11，Ind.13，Ind.14，Ind.15，Ind.23
2013	板块1	Ind.1，Ind.19
	板块2	Ind.7，Ind.12，Ind.16，Ind.18
	板块3	Ind.2，Ind.13，Ind.17，Ind.23
	板块4	Ind.3，Ind.4，Ind.5，Ind.6，Ind.8，Ind.9，Ind.10，Ind.11，Ind.14，Ind.15，Ind.20，Ind.21，Ind.22，Ind.24
2014	板块1	Ind.1，Ind.17，Ind.19
	板块2	Ind.7，Ind.12，Ind.16，Ind.18，Ind.20，Ind.21，Ind.22，Ind.23
	板块3	Ind.2，Ind.5，Ind.8，Ind.11
	板块4	Ind.3，Ind.4，Ind.6，Ind.9，Ind.10，Ind.13，Ind.14，Ind.15，Ind.24
2015	板块1	Ind.1，Ind.12，Ind.13，Ind.17，Ind.19，Ind.23
	板块2	Ind.16，Ind.18
	板块3	Ind.2，Ind.3，Ind.4，Ind.5，Ind.6，Ind.8，Ind.9，Ind.10，Ind.20，Ind.21，Ind.24

阶段	板块	板块内部的主要成员
2015	板块4	Ind.7，Ind.11，Ind.14，Ind.15，Ind.22
2016	板块1	Ind.1，Ind.16，Ind.18，Ind.19
	板块2	Ind.7，Ind.8，Ind.12，Ind.17
	板块3	Ind.2，Ind.3，Ind.4，Ind.5，Ind.6，Ind.9，Ind.10，Ind.11，Ind.15，Ind.21，Ind.24
	板块4	Ind.13，Ind.14，Ind.20，Ind.22，Ind.23
2017	板块1	Ind.1，Ind.16，Ind.18，Ind.19
	板块2	Ind.7，Ind.8，Ind.12
	板块3	Ind.2，Ind.3，Ind.4，Ind.6，Ind.9，Ind.10，Ind.11，Ind.13，Ind.14，Ind.15，Ind.21，Ind.24
	板块4	Ind.5，Ind.17，Ind.20，Ind.22，Ind.23
2018	板块1	Ind.1，Ind.16，Ind.18，Ind.19
	板块2	Ind.5，Ind.7，Ind.12
	板块3	Ind.2，Ind.3，Ind.4，Ind.6，Ind.9，Ind.10，Ind.21，Ind.22，Ind.23
	板块4	Ind.8，Ind.11，Ind.13，Ind.14，Ind.15，Ind.17，Ind.20，Ind.24
2019	板块1	Ind.1，Ind.5，Ind.7，Ind.16，Ind.18，Ind.19
	板块2	Ind.2，Ind.3，Ind.4，Ind.6，Ind.9，Ind.10，Ind.17，Ind.20，Ind.21，Ind.22，Ind.23，Ind.24
	板块3	Ind.8，Ind.11，Ind.12
	板块4	Ind.13，Ind.14，Ind.15
2020	板块1	Ind.1，Ind.2，Ind.7，Ind.11，Ind.13，Ind.14，Ind.19
	板块2	Ind.4，Ind.5，Ind.6，Ind.8，Ind.9，Ind.18
	板块3	Ind.3，Ind.10，Ind.17，Ind.20，Ind.21，Ind.22，Ind.23，Ind.24
	板块4	Ind.12，Ind.15，Ind.16

索引